PROCÈS-VERBAL

DES SÉANCES

DE

L'ASSEMBLÉE PROVINCIALE

DE L'ORLÉANOIS,

TENUE À ORLÉANS

Le six Septembre mil sept cent quatre-vingt-sept.

À ORLÉANS,

De l'Imprimerie de Couret de Villeneuve, Imprimeur du Roi, & de l'Assemblée Provinciale de l'Orléanois.

M. DCC. LXXXVII.

ÉDIT DU ROI,

Portant création d'Assemblées Provinciales.

Donné à Versailles au mois de Juin 1787.

Regiſtré en Parlement le vingt-deux Juin mil ſept cent quatre-vingt-ſept.

LOUIS, PAR LA GRACE DE DIEU, ROI DE FRANCE ET DE NAVARRE : A tous préſens & à venir ; SALUT. Les heureux effets qu'ont produit les Adminiſtrations Provinciales établies par forme d'eſſai dans les provinces de haute-Guyenne & de Berry, ayant rempli les eſpérances que Nous en avions conçues, Nous avions jugé qu'il étoit temps d'étendre le même bienfait aux autres provinces de notre Royaume, Nous avions été confirmés dans cette réſolution, par les délibérations unanimes des Notables que Nous avons appelés auprès de Nous, & qui en Nous faiſant d'utiles obſervations ſur la forme de cet établiſſement, Nous ont ſupplié avec inſtance de ne pas différer à faire jouir tous nos ſujets des avantages ſans nombre qu'il doit produire. Nous déférons à leur vœu avec ſatisfaction ; & tandis que, par un meilleur ordre dans les finances, & par la plus grande économie dans les dépenſes, Nous travaillerons à diminuer la maſſe des impôts, Nous eſpérons qu'une inſtitution bien combinée en allégera le poids par une plus exacte répartition, & rendra facile l'exécution des plans que Nous avons formés pour la félicité publique. A CES CAUSES & autres à ce Nous mouvant, de l'avis de notre Conſeil,

A ij

Assemblée Provinciale

& de notre certaine science, pleine puissance & autorité royale, Nous avons, par notre présent Edit perpétuel & irrévocable, dit, statué & ordonné; disons, statuons & ordonnons, voulons & Nous plaît ce qui suit :

Article Premier.

IL sera, dans toutes les Provinces de notre Royaume où il n'y a point d'Etats Provinciaux, & suivant la division qui sera par Nous déterminée, incessamment établi une ou plusieurs Assemblées Provinciales, & suivant que les circonstances locales l'exigeront, des Assemblées particulières de Districts & de Communautés; & pendant les intervalles de la tenue desdites Assemblées, des Commissions intermédiaires, les unes & les autres composées d'aucuns de nos sujets des trois Ordres, payant les impositions foncières ou personnelles dans lesdites Provinces, Districts & Communautés, & ce dans le nombre qui sera par Nous fixé proportionnellement à la force & à l'étendue desdites Provinces, Districts & Communautés; sans néanmoins que le nombre des personnes choisies dans les deux premiers Ordres, puisse surpasser le nombre des personnes choisies pour le Tiers-état, & les voix seront recueillies par tête alternativement entre les Membres des différens Ordres.

I I.

LESDITES Assemblées Provinciales seront par elles-mêmes, ou par les Assemblées ou Commissions qui leur seront subordonnées, chargées sous notre autorité & celle de notre Conseil, de la répartition & assiette de toutes les impositions foncières & personnelles, tant de celles dont le produit doit être porté en notre Trésor royal, que de celles qui ont ou auront lieu pour chemins, ouvrages publics, indemnités, encouragemens, réparations d'Eglises & de Presbytères, & autres dépenses quelconques propres auxdites Provinces, ou aux Districts & Communautés qui en dépendent : Voulons que lesdites dépenses, soit qu'elles soient communes auxdites Provinces, soit qu'elles soient particulières à quelques Districts ou Communautés, soient, suivant leur nature, délibérées ou suivies, approuvées ou surveillées par lesdites Assemblées Provinciales, ou par les Assemblées ou Commissions qui leur seront subordonnées ; leur attribuant, sous notre

de l'Orléanois.

autorité & surveillance, ainsi qu'il sera par Nous déterminé, tous les pouvoirs & facultés à ce nécessaires.

III.

LES Procureurs-Syndics qui seront établis près de chacune desdites Assemblées Provinciales & de Districts, pourront en leurs noms, & comme leurs représentans, présenter toutes requêtes, former toutes demandes, & introduire toutes instances pardevant les Juges qui en doivent connoître, & même intervenir dans toutes les affaires générales ou particulières qui pourront intéresser lesdites Provinces ou Districts, & les poursuivre au nom desdites Assemblées, après toutefois qu'ils y auront été autorisés par elles, ou par les Commissions intermédiaires.

IV.

LA Présidence desdites Assemblées & Commissions intermédiaires sera toujours confiée à un Membre du Clergé ou de la Noblesse, & elle ne pourra jamais être perpétuelle.

V.

IL sera loisible auxdites Assemblées Provinciales de Nous faire toutes représentations, & de Nous adresser tels projets qu'elles jugeront utiles au bien de nos Peuples, sans cependant que, sous prétexte desdites représentations ou projets, l'assiette & le recouvrement des impositions établies, ou qui pourront l'être, puissent, à raison desdites représentations ou projets, éprouver aucun obstacle ni délais. Voulons, dès-à-présent, qu'il y soit, audit cas, procédé dans la forme actuellement existante.

VI.

NOUS nous réservons de déterminer par des Règlemens particuliers ce qui regarde la première convocation desdites Assemblées, leur composition & celle des Commissions intermédiaires, ainsi que leur police & tout ce qui peut concerner leur organisation & leurs fonctions, & ce, conformément à ce qui est prescrit par notre présent Edit, & à ce que pourront exiger les besoins particuliers, coutumes & usages desdites Provinces. SI DONNONS

Assemblée Provinciale de l'Orléanois.

EN MANDEMENT à nos amés & féaux Conseillers les Gens tenant notre Cour de Parlement à Paris, que notre présent Edit ils aient à faire lire, publier & regiſtrer, & le contenu en icelui garder, obſerver & exécuter ſelon ſa forme & teneur : CAR TEL EST NOTRE PLAISIR ; & afin que ce ſoit choſe ferme & ſtable à toujours, Nous y avons fait mettre notre ſcel. DONNÉ à Verſailles au mois de juin, l'an de grâce mil ſept cent quatre-vingt-ſept, & de notre règne le quatorzième. *Signé* LOUIS. *Et plus bas*, Par le Roi. *Signé* LE B^{ON} DE BRETEUIL. *Viſa* DE LAMOIGNON. Vu au Conſeil, LAURENT DE VILLEDEUIL. Et ſcellé du grand ſceau de cire verte en lacs de ſoie rouge & verte.

Regiſtré, ouï & ce requérant le Procureur général du Roi, pour être exécuté ſelon ſa forme & teneur ; & copies collationnées dudit Edit envoyées aux Bailliages & Sénéchauſſées du reſſort, pour y être lu, publié & regiſtré : Enjoint aux Subſtituts du Procureur général du Roi eſdits Siéges d'y tenir la main : & d'en certifier la Cour dans le mois : Et ſera le Seigneur Roi très-humblement ſupplié de vouloir bien compléter ſon bienfait & en aſſurer la ſtabilité, en adreſſant à ſes Cours les Réglemens particuliers que ledit Seigneur Roi ſe réſerve de faire par l'Art. VI du préſent Edit, pour y être vérifiés en la forme ordinaire, ſuivant l'Arrêt de ce jour. A Paris, en Parlement, toutes les Chambres aſſemblées, les Princes & Pairs y ſéant, le vingt-deux Juin mil ſept cent quatre-vingt-ſept.

Signé LEBRET.

PROCÈS-VERBAL
DES SÉANCES
DE
L'ASSEMBLÉE PROVINCIALE
DE L'ORLÉANOIS,
TENUE À ORLÉANS,
LE 6 SEPTEMBRE 1787.

L'AN mil sept cent quatre-vingt-sept, le six Septembre à dix heures du matin, dans la Salle de l'Hôtel-de-Ville d'Orléans, qui a été choisie pour le lieu de l'Assemblée ordonnée par le Règlement fait par le Roi, du 23 Juin 1787, Messieurs les Députés ont remis sur le Bureau leurs Lettres de convocation pour la tenue de la présente & première Assemblée qui a été reconnue être composée :

SÇAVOIR,

ÉLECTIONS.

GIEN. DE M. LE DUC DE LUXEMBOURG, Président.

POUR L'ORDRE DU CLERGÉ.

MM.

CHARTRES. L'ÉVÊQUE DE CHARTRES.
CLAMECI. L'ÉVÊQUE DE BETHLÉEM.

Assemblée Provinciale

ÉLECTIONS.

BAUGENCI.	Le Coadjuteur d'Orléans.
ORLÉANS.	L'Abbé de Cézarges, Abbé de S. Euverte.
PITHIVIERS.	L'Abbé de la Geard, Abbé de la Cour-Dieu.
ROMORANTIN.	L'Abbé Desprades, Abbé de la Vernuſſe.

POUR L'ORDRE DE LA NOBLESSE.

MM.

DOURDAN.	Le Marquis de Verteillac.
BLOIS.	Le Président de Salaberry.
BAUGENCI.	Le Marquis d'Avaray.
CHATEAUDUN.	Le Baron de Montboissier.
CHARTRES.	Barillon de Morangis, Conſeiller d'hon. au Parlem.
MONTARGIS.	Gilbert de Voisins, Préſident à Mortier.

POUR L'ORDRE DU TIERS-ÉTAT.

MM.

ORLÉANS.	Crignon de Bonvalet, Ecuyer, Maire d'Orléans. Le Vassort-du-Bouchet, Ecuyer, Tréſorier de France.
CHARTRES.	Grandet de la Villette, Ecuyer. De la Mustiere, Bailli de Rambouillet.
CHATEAUDUN.	De l'Épinay, Ecuyer, Fermier-Général.
PITHIVIERS.	Duchesne, Officier de l'Election.
VENDOSME.	De Sanlot, Ecuyer, Fermier-Général.
BLOIS.	Boesnier de Lorme, Maître particulier des Eaux & Forêts.
ROMORANTIN.	Lavoisier, Ecuyer, Fermier-Général, Membre de l'Académie des Sciences.
GIEN.	Brillard, Lieutenant-Général du Bailliage de Gien.
DOURDAN.	Rousseau, Maître de Poſte d'Angerville.
BAUGENCI.	Curault, Ecuyer, Lieutenant-Général d'Orléans.
MONTARGIS.	Petit de Chastenay, Lieutenant-Civil au Bailliage de Bois-Commun.

L'Aſſemblée

de l'Orléanois.

L'Assemblée étant formée, Messieurs ont pris séance dans l'ordre qui suit :

M. LE DUC DE LUXEMBOURG, Président, au fond de la Salle.

MM. du Clergé à sa droite, observant entr'eux l'ordre accoutumé dans leur séance.

MM. de la Noblesse, à la gauche, suivant leur âge.

Et MM. les Représentans des propriétaires des Villes & Campagnes, suivant l'ordre des Villes & Paroisses, qui a été déterminé d'après leurs contributions. La moitié joignant le Clergé, & l'autre moitié joignant la Noblesse ; *sous la réserve expresse* que les *rangs* & *séances ci-dessus pris ne pourront nuire ni préjudicier* aux *droits* & *qualités* des *susnommés*.

La séance étant prise, M. LE DUC DE LUXEMBOURG a dit qu'il avoit reçu de M. l'Evêque de Bethléem, une lettre par laquelle il s'excusoit de ne pouvoir se rendre à l'Assemblée au jour indiqué, attendu le mauvais état de sa santé ; & que pour ce qui regardoit MM. Gilbert de Voisins & Barillon de Morangis, le Roi avoit décidé que leurs places resteroient vacantes, & qu'on ne procéderoit point à leur remplacement, malgré l'impossibilité où ils se trouvoient de se rendre à l'Assemblée.

Après quoi M. LE DUC DE LUXEMBOURG a fait lecture d'une lettre de M. le Contrôleur-Général, en interprétation & supplément au Règlement du 5 Août dernier, sur les fonctions des Assemblées provinciales ; suit la teneur de ladite Lettre.

A Versailles, le 3 Septembre 1787.

« Il n'existe point, Monsieur le Duc, de déclaration qui fixe les rangs
» des Membres des Assemblées provinciales ; mais l'intention du Roi est
» que ceux qui seront réglés, ne préjudicient aux droits ni aux préroga-
» tives d'aucuns des Membres qui les composent.

» A l'égard du fauteuil que doit occuper M. l'Intendant, Sa Majesté
» trouve bon que l'on suive pour cet objet à la première Assemblée la
» forme usitée en Berry & dans la haute-Guienne. Cette première As-
» semblée ne sera point publique ; elle fixera elle-même l'époque de l'ou-
» verture des Assemblées de district.

» L'Assemblée provinciale ne pourra s'ouvrir que d'après les Lettres que

B

» le Roi fera expédier ; ainsi Sa Majesté déterminera elle-même le jour ;
» mais on peut lui propofer celui qu'on eftimera le plus convenable. »
J'ai l'honneur d'être, &c.

Signé LAMBERT.

M. LE DUC DE LUXEMBOURG a enfuite prévenu l'Affemblée de la manière dont on devoit recevoir M. DE CHEVILLY, Intendant de cette Généralité, Commiffaire du Roi, & chargé à cet effet d'une commiffion fpéciale. Sur quoi M. LE DUC DE LUXEMBOURG a prié M. l'Abbé Defprades & M. de l'Epinay d'aller avertir M. le Commiffaire du Roi, que l'Affemblée avoit pris féance. M. le Commiffaire du Roi étant arrivé, M. LE DUC DE LUXEMBOURG a nommé M. l'Abbé de la Geard, M. le Préfident de Salaberry, M. Crignon de Bonvalet, & M. Lavoifier qui font allés le recevoir au haut de l'efcalier conduifant à la Salle où Meffieurs étoient affemblés ; l'Affemblée a reçu M. le Commiffaire du Roi debout & découverte ; M. le Commiffaire du Roi ayant pris féance dans un fauteuil en face de M. le Préfident, s'eft couvert, ainfi que l'Affemblée, & a prononcé un Difcours dans lequel, après avoir annoncé les ordres du Roi fur la manière de procéder à l'élection des vingt-fix Membres qui complèteront ladite Affemblée provinciale, fuivant le Règlement du Roi, a témoigné qu'il étoit réfervé à cette nouvelle adminiftration de réalifer l'efpoir que Sa Majefté fe plaifoit à concevoir d'une fatisfaction générale, en rappelant que c'étoit dans le fein de cette ville qu'avoit germé, dès 1776, le vœu de ces inftitutions paternelles & patriotiques que le Roi venoit d'établir ; & M. le Commiffaire de Sa Majefté a remis à l'Affemblée l'original dudit Règlement fait par le Roi le 18 Juillet dernier, fur la formation & la compofition des Affemblées qui auront lieu dans la Généralité d'Orléans, en vertu de l'Edit portant création des Affemblées provinciales ; enfemble l'original du Règlement fait par le Roi le 5 Août dernier, fur les fonctions des Affemblées provinciales, & de celles qui leur font fubordonnées ; ainfi que fur les relations de ces Affemblées avec les Intendans des provinces.

M. LE DUC DE LUXEMBOURG a répondu par un Difcours, dans lequel il a témoigné les fentimens de reconnoiffance dont font pénétrés tous les Membres de l'Affemblée, & le zèle qui les anime pour fe conformer aux vues bienfaifantes de Sa Majefté. Ce fait M. DE CHEVILLY, Commissaire du Roi, s'est retiré, & a été reconduit avec les mêmes honneurs par les mêmes Députés qui avoient été le recevoir. Après quoi, lecture faite des susdits Règlemens, l'Assemblée ayant délibéré, elle a arrêté que lesdits Règlemens seroient déposés dans ses archives, & que mention d'iceux seroit faite sur le procès-verbal dudit jour ; ensemble de l'Edit du Roi, portant création d'Assemblées provinciales. Considérant cependant l'Assemblée que le Roi ayant bien voulu déclarer formellement dans lesdits Règlemens, qu'ils n'étoient que provisoires, & que Sa Majesté écouteroit avec bonté les observations & réflexions qui lui seroient faites par les Assemblées provinciales. Ladite Assemblée s'est réservé de présenter à Sa Majesté les observations & réflexions qui pourroient intéresser le bien de la Province, le service du Roi, & la dignité de l'Assemblée, laquelle est profondément pénétrée de respect & de reconnoissance pour les intentions paternelles de Sa Majesté.

Ladite délibération terminée, M. LE DUC DE LUXEMBOURG, Président a dit :

MESSIEURS,

L'établissement des Assemblées Provinciales, est une des époques les plus glorieuses & les plus consolantes pour la Nation.

Si le malheur des Finances n'a pas permis au Roi de soulager pour l'instant ses peuples, Sa Majesté a du moins désiré qu'une administration plus paternelle, qu'une répartition plus égale, adoucissent la rigueur des impôts, & que chaque Citoyen fût, en quelque sorte, l'arbitre des sacrifices qu'il fait au Gouvernement qui le défend & le protège.

Nous allons, Messieurs, parcourir cette immense carrière, & nous livrer aux détails multipliés dont elle est susceptible.

Cette première Assemblée, élémentaire de toutes les autres, est principalement consacrée à compléter les Membres qui doivent composer l'Assemblée Provinciale. Sa Majesté, en honorant de son choix ceux qui la forment actuellement, leur a accordé la précieuse faculté de s'associer des compagnons de travaux & d'utilité. Elle a étendu notre prérogative jusqu'à élire la moitié des Membres qui doivent, sous les Présidens nommés par le Roi, composer les Assemblées de Département. Enfin,

Assemblée Provinciale

Elle Nous a confié le soin important de nommer aussi deux Syndics, de former la Commission intermédiaire & de choisir un Greffier.

Il auroit été sans doute à désirer, Messieurs, que des connoissances plus approfondies, des relations plus intimes, éclairassent nos opinions & dirigeassent notre choix; mais au milieu de cette vaste Province où les sujets de tous les ordres sont distingués par leurs lumières, leurs talens & leurs vertus, la voix publique se fait toujours entendre, & elle fixe les regards sur ceux que leurs qualités appellent à l'administration & aux places importantes : d'ailleurs, Messieurs, votre exemple fera développer, sous vos yeux, les talens qui font presque toujours germer le zèle, l'activité & l'amour du bien.

La nomination des Syndics est un choix bien important & sur lequel je ne saurois trop, Messieurs, vous prier de peser votre vœu, avant de déterminer votre suffrage.

Il est intéressant que le Greffier réunisse à l'amour du travail les connoissances nécessaires pour suivre les affaires contentieuses.

Je vous proposerai, Messieurs, d'indiquer un Bureau pour travailler à rassembler les noms des personnes qui se sont présentées, & de chercher ceux à qui leur modestie n'a peut-être pas permis de se montrer, & qui souvent ne sont que plus dignes des suffrages & de la confiance.

La formation de la Commission intermédiaire, & les objets de sa mission méritent, Messieurs, votre plus grande attention; c'est elle qui doit préparer le travail dont vous vous occuperez à votre première Assemblée, & réunir les matériaux propres à votre administration.

Il est très-essentiel qu'elle prenne la connoissance la plus exacte possible, des diverses impositions que paye la Province; qu'elle se fasse rendre compte, par les Ingénieurs des Ponts & Chaussées, de l'état où se trouvent les routes de la Généralité, des projets qui ont pu être formés, & des fonds qui doivent y être appliqués; qu'elle prenne connoissance des atteliers de Charité, & de tous les mémoires & renseignemens qui peuvent être relatifs au bien de l'Orléanois.

Il est absolument indispensable, Messieurs, de fixer les appointemens des Syndics généraux, de la Commission intermédiaire & du Greffier; ainsi que les dépenses nécessaires, tant pour le local que pour l'Huissier, & autres objets relatifs à l'Assemblée & à sa correspondance.

Je ne me permettrai pas, Messieurs, de tracer la route que doit parcourir la Commission intermédiaire, j'ai cru seulement en indiquer les masses ; mais je vous engagerai à nommer une Commission pour en développer les points & les objets.

Je crois, Messieurs, devoir vous présenter une réflexion qui a été faite & accueillie à l'Assemblée de l'Isle de France : c'est que la Commission intermédiaire, étant le point central où doit se réunir tout le travail, devant être chargée de la correspondance, avec les Commissions intermédiaires des Assemblées de district & de municipalité, & tenue d'examiner tous les plans & mémoires ; cette première Assemblée, en suivant avec respect les ordres du Roi, ne devroit la nommer, sous le bon plaisir de Sa Majesté, que provisoirement, & laisser à l'Assemblée générale à la confirmer & à y donner une sanction pleine & entière. Cette déférence aux opinions de nos confrères seroit une marque de confiance de plus que recevroit la Commission, en étant, comme je ne doute point, confirmée par le vœu général.

Je crois enfin, Messieurs, qu'il est important de fixer vos regards sur les Règlemens qui Nous sont adressés, & d'étendre vos observations sur tous les objets qui intéresseroient & la dignité, & le régime de notre Assemblée ; d'approfondir sur-tout les entraves qui pourroient arrêter nos ressorts & priver l'Assemblée de son plus précieux avantage, celui de faire le bien & de le faire librement.

Ces réflexions mûrement méditées & discutées dans un Bureau, vous seront présentées à notre première séance, & je me chargerai avec plaisir de porter au pied du trône vos justes représentations.

La sagesse, l'impartialité, l'amour du bien, le profond respect pour le Souverain, seront toujours les mobiles qui nous animeront. Destinés à perfectionner la plus heureuse des institutions, & à répandre autour de vous la lumière & la bienfaisance, vous serez les sages administrateurs de cette grande Province, & vous trouverez, dans les bénédictions du peuple & la satisfaction du Roi, la plus douce & la plus flatteuse de toutes les récompenses.

Le Discours fini, l'Assemblée a, par acclamation, prié M. le Président de vouloir bien permettre que son Discours fût inséré dans le présent procès-verbal.

Après quoi il a été formé trois Bureaux : Un qui s'occupera de tout ce qui a rapport aux nominations des différens Membres qui composeront les Assemblées.

Un autre dont le travail aura pour objet de tracer les fonctions & de proposer les instructions préliminaires à la Commission intermédiaire.

Et enfin, celui qui examinera les différens Règlemens relatifs aux Assemblées Provinciales, & se livrera aux observations des articles qui en seront susceptibles.

On a nommé pour le Bureau relatif aux Nominations.

MM.

L'Évêque de Chartres.
Le Marquis d'Avaray.
L'Abbé de Cézarges.
Le Vassort-du-Bouchet.
Petit de Chastenay.
Rousseau.
De la Mustière.
Brillard.

Pour le Bureau de la Commission Intermédiaire.

MM.

Le Marquis de Verteillac.
L'Abbé de la Geard.
Le Président de Salaberry.
L'Abbé Desprades.
Grandet de la Villette.
Boesnier de Lorme.
Duchesne.
Lavoisier.

de l'Orléanois. 15

Pour le Bureau des Règlemens.

MM.

LE COADJUTEUR D'ORLÉANS.
LE BARON DE MONTBOISSIER.
CRIGNON DE BONVALET.
CURAULT.
DE SANLOT.
DE L'EPINAY.

M. LE DUC DE LUXEMBOURG a ensuite proposé de députer MM. l'Abbé de Cézarges, le Marquis de Verteillac, Curault & de Sanlot pour saluer demain M. le Commissaire du Roi, & Madame l'Intendante, de la part de l'Assemblée.

Il a aussi annoncé qu'il seroit demain sept de ce mois, dix heures du matin, célébré une Messe du Saint-Esprit, dans l'Eglise de Sainte-Catherine.

M. le Président a nommé MM. l'Abbé de la Geard & Grandet de la Villette, pour rédiger le présent procès-verbal, dont copie sera remise à M. le Commissaire du Roi, & a indiqué la Séance à lundi 10 du courant, dix heures du matin.

Fait & arrêté à Orléans, le 6 Septembre 1787.

Signé, MONTMORENCY, DUC DE LUXEMBOURG, Président, & GRANDET DE LA VILLETTE, faisant les Fonctions de Secrétaire.

RÈGLEMENT
FAIT PAR LE ROI,

Sur la formation & la composition des Assemblées qui auront lieu dans la Généralité d'Orléans, en vertu de l'Édit portant création des Assemblées Provinciales.

Du 18 Juillet 1787.

LE ROI ayant, par son Edit du mois de Juin dernier, ordonné qu'il seroit incessamment établi dans les Provinces & Généralités de son Royaume, différentes Assemblées, suivant la forme qui sera déterminée par Sa Majesté, Elle a résolu de faire connoître ses intentions sur la formation & la composition de celles qui auront lieu dans la Généralité d'Orléans. Les dispositions que Sa Majesté a suivies, sont généralement conformes à l'esprit qui a dirigé les délibérations des Notables de son Royaume qu'Elle a appelés auprès d'Elle; mais en les adoptant, & malgré les avantages qu'Elle s'en promet, Sa Majesté n'entend pas les regarder comme irrévocablement déterminées; Elle sait que les meilleures institutions ne se perfectionnent qu'avec le temps, & comme il n'en est point qui doive plus influer sur le bonheur de ses sujets que celles des Assemblées Provinciales, Elle se réserve de faire à ces premiers arrange-

mens

mens, tous les changemens que l'expérience lui fera juger nécessaires ; c'est en conséquence qu'Elle a voulu que les premières Assemblées dont elle ordonne l'établissement, restent, pendant trois ans, telles qu'elles seront composées pour la premiere fois : ce délai mettra Sa Majesté à portée de juger des effets qu'elles auront produits, & d'assurer ensuite la consistance & la perfection qu'elles doivent avoir ; en conséquence, Sa Majesté a ordonné & ordonne ce qui suit :

L'administration de la Généralité d'Orléans sera divisée entre trois espèces d'Assemblées différentes, une Municipale, une de Département & une Provinciale.

L'Assemblée Provinciale se tiendra dans la Ville d'Orléans ; celle de Département, dans le chef-lieu qui sera indiqué par Sa Majesté ; enfin les Assemblées Municipales, dans les Villes & les Paroisses qu'elles représentent.

Elles seront élémentaires les unes des autres, dans ce sens que les Membres de l'Assemblée de la Province seront choisis parmi ceux des Assemblées de Département ; & ceux-ci pareillement parmi ceux qui composeront les Assemblées Municipales.

Elles auront toutes leur base constitutive dans ce dernier élément formé dans les Villes & Paroisses.

Assemblées Municipales.

Article Premier.

Dans toutes les Communautés de la Généralité d'Orléans où il n'y a pas actuellement d'Assemblée Municipale, il en sera formé une conformément à ce qui va être prescrit, Sa Majesté n'entendant pas changer pour le moment la forme & l'administration des Municipalités établies.

I. I.

L'Assemblée Municipale qui aura lieu dans les Communautés de la Généralité d'Orléans, où il n'y a point de Municipalité établie, sera composée du Seigneur de la paroisse & du Curé, qui en feront toujours partie, & de trois, six ou neuf Membres choisis par la Communauté, c'est-à-dire de trois, si la Communauté contient moins de cent feux ;

Assemblée Provinciale

de six, si elle en contient deux cents ; & de neuf, si elle en contient davantage.

I I I.

LORSQU'IL y aura plusieurs Seigneurs de la même Paroisse, ils seront alternativement, & pour une année chacun, Membres de l'Assemblée Municipale, en cas que la Seigneurie de la Paroisse soit entr'eux également partagée ; si au contraire la Seigneurie est inégalement partagée, celui qui en possédera la moitié, sera de deux années une, Membre de ladite Assemblée ; celui qui en possédera un tiers, de trois années une ; & les autres qui en posséderont une moindre partie, seront tenus d'en choisir un d'entr'eux pour les représenter, & pour faire ledit choix, chacun aura autant de voix qu'il aura de portion de Seigneurie.

I V.

IL y aura en outre, dans lesdites Assemblées, un Syndic qui aura voix délibérative, & qui sera chargé de l'exécution des résolutions qui auront été délibérées par l'Assemblée, & qui n'auront pas été exécutées par elle.

V.

LE Syndic & les Membres électifs de ladite Assemblée, seront élus par l'Assemblée de toute la Paroisse convoquée à cet effet.

V I.

L'ASSEMBLÉE de la Paroisse sera composée de tous ceux qui paieront dix livres & au-dessus, dans ladite Paroisse, d'imposition foncière ou personnelle, de quelqu'état & condition qu'ils soient.

V I I.

LADITE Assemblée Paroissiale se tiendra cette année le jour qui sera indiqué par le sieur Commissaire départi ; & les années suivantes, le premier Dimanche d'Octobre, à l'issue de vêpres.

V I I I.

CETTE Assemblée Paroissiale sera présidée par le Syndic. Le Seigneur & le Curé n'y assisteront pas.

I X.

LE Syndic recueillera les voix, & celui qui en réunira le plus, sera le premier élu Membre de l'Assemblée Municipale, & il sera de même procédé successivement à l'élection des autres.

X.

CES élections & toutes celles qui seront mentionnées dans le présent Règlement, se feront par la voie du scrutin.

X I.

TOUTE personne noble ou non noble ayant vingt-cinq ans accomplis, étant domiciliée dans la Paroisse au moins depuis un an, & payant au moins trente livres d'impositions foncières ou personnelles, pourra être élue Membre de l'Assemblée Municipale.

X I I.

CHAQUE année après les trois premieres années révolues, un tiers des Membres choisis par l'Assemblée Municipale, se retirera & sera remplacé par un autre tiers nommé par l'Assemblée Paroissiale. Le sort décidera les deux premieres années, de ceux qui devront se retirer, ensuite l'ancienneté.

X I I I.

NUL Membre de l'Assemblée Municipale ne pourra être réélu qu'après deux ans d'intervalle. Le Syndic sera élu tous les trois ans, & pourra être continué neuf ans, mais toujours par une nouvelle élection.

X I V.

LE Seigneur présidera l'Assemblée Municipale; en son absence le Syndic. Le Seigneur qui ne se trouvera pas à l'Assemblée, pourra s'y faire représenter par un fondé de procuration qui se placera à la droite du Président; les Corps laïques ou ecclésiastiques qui seront Seigneurs, seront représentés de même par un fondé de procuration.

X V.

LE Curé fiégera à la gauche du Préfident, & le Syndic à la droite, quand il ne préfidera pas ; les autres Membres de l'Affemblée fiégeront entr'eux, fuivant la date de leur élection.

X V I.

L'ASSEMBLÉE Municipale élira un Greffier qui fera auffi celui de l'Affemblée Paroiffiale ; il pourra être révoqué à volonté par l'Affemblée Municipale.

Affemblées de Département.

ARTICLE PREMIER.

LA Généralité d'Orléans fera divifée en fix Départemens ; un des Elections d'Orléans & de Baugenci ; un des Elections de Chartres & de Dourdan ; un des Elections de Blois & de Romorantin ; un des Elections de Châteaudun & de Vendôme ; un des Elections de Pithiviers & de Montargis, & un des Elections de Gien & Clameci. Sa Majefté fe réferve néanmoins de diftraire, s'il y a lieu, la totalité ou partie de l'Election de Clameci. Il y aura dans chacun de ces fix Départemens une Affemblée particuliere.

I I.

NUL ne pourra être de ces Affemblées, s'il n'a été Membre d'une Affemblée Municipale, foit de droit, comme le Seigneur eccléfiaftique ou laïc & le Curé, foit par élection, comme ceux qui auront été choifis par les Affemblées Paroiffiales. Les premiers repréfenteront le Clergé & la Nobleffe, les autres le Tiers-état.

I I I.

DANS les Villes ou Paroiffes dans lefquelles il y a des Municipalités établies, les Députés defdites Villes ou Paroiffes aux Affemblées de Départemens, feront pris dans les Membres de ladite Municipalité, ainfi que parmi les Seigneurs & Curés defdites Villes & Paroiffes, & ce jufqu'à ce qu'il en ait été autrement ordonné.

de l'Orléanois.

IV.

Les fondés de procuration des Seigneurs laïcs à une Assemblée Municipale, pourront aussi, si le Seigneur qu'ils représentent n'est pas lui-même de l'Assemblée de Département, & un seul pour chaque Seigneur, quand même il auroit plusieurs seigneuries, être nommés pour y assister, pourvu qu'ils soient nobles, & qu'ils possèdent au moins mille livres de revenu dans le Département.

V.

Lorsqu'une Seigneurie sera possédée par des Corps & Communautés, un des Membres desdits Corps & Communautés, pourvu qu'il soit noble ou ecclésiastique, pourra à ce titre être Membre desdites Assemblées de Départemens, sans néanmoins que le même Corps puisse avoir plus d'un Député à la même Assemblée.

VI.

Lesdites Assemblées seront composées de vingt-quatre personnes, excepté celle du Département de Chartres & Dourdan qui, à cause de son étendue, sera composée de vingt-huit : moitié sera toujours prise en nombre égal parmi les Ecclésiastiques & les Seigneurs laïcs ou Gentils-hommes les représentans ; & moitié parmi les Députés des Villes & des Paroisses.

VII.

Ces vingt-quatre ou vingt-huit personnes seront prises dans six ou sept arrondissemens, entre lesquels chaque département sera divisé ; ces arrondissemens enverront à l'Assemblée de Département, ainsi qu'il sera dit ci-après, quatre Députés ; & sera cette division faite par la première Assemblée de Département.

VIII.

La première Assemblée de Département se tiendra au jour qui sera indiqué par les personnes que Nous nommerons ci-après, pour former l'Assemblée Provinciale.

IX.

Les mêmes personnes nommeront la moitié des Membres qui doivent composer l'Assemblée de Département, & ceux-ci se completteront au nombre qui est ci-dessus exprimé.

X.

QUAND les Assemblées de Département seront formées, elles resteront composées des mêmes personnes pendant les années 1788, 1789, & 1790.

X I.

CE temps expiré, les Assemblées se régénéreront en la forme suivante :

Un quart sortira chaque année par le sort, en 1791, 1792 & 1793, & après suivant l'ancienneté, de manière néanmoins que par année il sorte toujours un Membre de chaque arrondissement.

Pour remplacer celui qui sortira, il se formera une Assemblée représentative des Paroisses de chaque arrondissement.

Cette Assemblée sera composée des Seigneurs, des Curés & des Syndics desdites Paroisses, & de deux Députés pris dans l'Assemblée Municipale, & choisis à cet effet par l'Assemblée Paroissiale.

Ces cinq Députés se rendront au lieu où se tiendra l'Assemblée d'arrondissement, & qui sera déterminée par l'Assemblée de Département, & ils éliront le Député à l'Assemblée de Département, dans le même ordre que celui qui sera dans le cas d'en sortir.

Cette Assemblée d'arrondissement sera présidée alternativement par celui des Seigneurs ecclésiastiques ou laïcs qui devra siéger le premier, suivant l'ordre ci-après établi.

En cas d'absence de Seigneur, la présidence sera dévolue au Syndic le plus anciennement élu, & en cas d'égalité dans l'élection, au plus ancien d'âge.

X I I.

EN cas qu'il ne se trouve pas de Seigneur, ni même de personne fondée de la procuration des Seigneurs, qui puisse être députée à l'Assemblée de Département, il sera libre d'en choisir dans un autre arrondissement, mais du même Département.

X I I I.

LA composition des Assemblées de Département sera tellement ordonnée,

de l'Orléanois.

que les Membres du Clergé & de la Noblesse, ou du Tiers-état, seront, le moins qu'il sera possible, tirés de la même Paroisse, & la Paroisse dont sera celui qui sortira de l'Assemblée, ne pourra pas en fournir du même ordre, qu'après un an au moins révolu.

XIV.

Les Députés des Paroisses seront, autant qu'il se pourra, toujours pris moitié dans les Villes & moitié dans les Paroisses de campagne.

XV.

La Présidence sera dévolue à un Membre du Clergé ou de la Noblesse indifféremment; ce Président sera nommé la première fois par Sa Majesté; il restera quatre ans Président, après quoi, & tous les quatre ans, le Roi choisira celui que Sa Majesté jugera convenable, entre deux Membres du Clergé & deux de la Noblesse qui lui auront été proposés par l'Assemblée, après avoir réuni la pluralité des suffrages.

XVI.

L'ordre des séances sera tel que les Ecclésiastiques seront à droite du Président, les Seigneurs laïcs à gauche, & les représentans le Tiers-état en face.

XVII.

En l'absence du Président, l'Assemblée, s'il est Ecclésiastique, sera présidée par le premier des Seigneurs laïcs, & s'il est Laïc, par le premier des Ecclésiastiques.

XVIII.

Les Ecclésiastiques garderont entr'eux l'ordre accoutumé dans leurs séances.

XIX.

Les Seigneurs laïcs siégeront suivant l'ancienneté de leur admission, & l'âge décidera entre ceux qui seront admis le même jour.

XX.

Les séances entre le Tiers-état, seront suivant l'ordre des Paroisses qui sera déterminé d'après leur contribution.

XXI.

Les voix feront prifes par tête, & de manière qu'on prendra la voix d'un Eccléfiaftique, enfuite celle d'un Seigneur laïc, enfuite deux voix du Tiers, & ainfi de fuite jufqu'à la fin. Le Préfident opinera le dernier, & aura voix prépondérante en cas de partage. Ce qui eft dit du Préfident de cette Affemblée, aura lieu pour toutes les Affemblées ou Commiffions dont il eft queftion dans le préfent Règlement.

XXII.

Lesdites Affemblées de Départemens auront deux Syndics, un pris parmi les repréfentans du Clergé & de la Nobleffe, & l'autre parmi les repréfentans du Tiers. Les deux Syndics feront trois ans en place, & pourront être continués pendant neuf années, mais toujours par une nouvelle élection, après trois ans accomplis, & de manière cependant que les deux ne foient pas changés à la fois.

XXIII.

Il y aura de plus un Greffier qui fera nommé par l'Affemblée, & révocable à fa volonté.

XXIV.

Pendant l'intervalle des Affemblées de Départemens, il y aura une Commiffion intermédiaire, compofée d'un Membre du Clergé, d'un de la Nobleffe, & de deux du Tiers-état, qui, avec les Syndics, feront chargés de toutes les affaires que l'Affemblée leur aura confiées.

XXV.

Le Greffier de l'Affemblée fera auffi le Greffier de cette Commiffion intermédiaire.

XXVI.

Le Préfident de l'Affemblée de département préfidera auffi, quand il fera préfent, cette Commiffion intermédiaire.

XXVII.

de l'Orléanois.

XXVII.

EN son absence, elle sera présidée par celui des représentans du Clergé & de la Noblesse qui sera nommé de ladite Commission, & ce, suivant que le Président sera de l'ordre du Clergé ou de la Noblesse, ainsi qu'il a été dit ci-dessus.

XXVIII.

LES Membres de ladite Commission seront élus par l'Assemblée : les premiers resteront les mêmes pendant trois ans, après lesquels un sortira chaque année, d'abord par le sort, ensuite par ancienneté, & sera remplacé dans son ordre par l'Assemblée.

XXIX.

LADITE Commission intermédiaire rendra compte à l'Assemblée, par l'organe des Syndics, de tout ce qui aura été fait par elle dans le cours de l'année.

Assemblées Provinciales.

ARTICLE PREMIER.

L'ASSEMBLÉE Provinciale de la Généralité d'Orléans, se tiendra, pour la premiere fois, le 25 du mois d'Août.

II.

ELLE sera composée du sieur DUC DE LUXEMBOURG, que Sa Majesté a nommé Président, & des vingt-cinq personnes qu'Elle se propose de nommer à cet effet, & qui seront prises, savoir, six parmi les Ecclésiastiques, six parmi les Seigneurs laïcs, & treize pour la représentation du Tiers-état.

III.

LE sieur DUC DE LUXEMBOURG & les autres personnes nommées dans l'article précédent, nommeront vingt-six autres personnes, pour former le nombre de cinquante-deux dont ladite Assemblée sera composée.

IV.

ILS nommeront pareillement les personnes qui, avec le Président que

D

le Roi aura nommé, commenceront à former les Assemblées de départemens, qui doivent ensuite nommer les autres Membres desdites Assemblées.

V.

ILS nommeront pareillement deux Syndics ; un sera pris parmi les représentans du Clergé & de la Noblesse, & l'autre parmi les représentans du Tiers-état, & un Greffier.

V I.

ILS nommeront aussi une Commission intermédiaire, composée du Président de l'Assemblée, des deux Syndics, d'un Membre du Clergé, d'un de la Noblesse, & de deux du Tiers-état.

V I I.

DES cinquante-deux Membres dont sera composée l'Assemblée Provinciale, vingt-six seront Ecclésiastiques & Seigneurs laïcs ou Gentils-hommes les représentans; les uns & les autres en nombre égal, & vingt-six pris dans les Députés des Villes & des paroisses ; de manière que, sur les cinquante-deux, douze soient pris dans le Département de Chartres & Dourdan, & huit dans chacun des autres Départemens ; & qu'entre ces Membres il y ait toujours moitié du Clergé & de la Noblesse, & moitié du Tiers-état.

V I I I.

PARMI les Membres de ladite Assemblée, il ne pourra jamais s'en trouver deux de la même Paroisse.

I X.

LA première formation faite restera fixe pendant les trois premières années ; &, ce terme expiré, l'Assemblée sera régénérée par le procédé suivant.

X.

UN quart se retirera par le sort en 1791, 1792 & 1793, & ensuite par ancienneté : ce quart qui se retirera chaque année, sera tellement distribué entre les Départemens, qu'il sorte trois Députés du Département de Chartres & Dourdan, & deux de chacun des autres Départemens ;

& feront, les Députés qui fortiront, remplacés dans leur ordre par d'autres du même Département, & nommés à cet effet par l'Assemblée de Département.

X I.

CELUI qui aura été élu par l'Assemblée de Département, pour assister à l'Assemblée Provinciale, pourra rester Membre de l'Assemblée de Département, & ainsi être tout-à-la-fois ou n'être pas partie des deux Assemblées; mais les Membres de la Commission intermédiaire des Assemblées de Départemens, ne pourront être Membres de la Commission intermédiaire de l'Assemblée Provinciale.

X I I.

TOUT Membre de l'Assemblée Provinciale qui aura cessé d'en être, pourra être réélu, après toutefois qu'il aura été une année Membre de l'Assemblée de Département.

X I I I.

EN cas qu'un Membre de l'Assemblée Provinciale meure, ou se retire avant que son temps soit expiré, il sera remplacé dans son ordre par l'Assemblée de Département, & celui qui le remplacera ne fera que remplir le temps qui restoit à parcourir à celui qu'il aura remplacé.

X I V.

LE Président de l'Assemblée Provinciale restera quatre ans Président.

X V.

CE terme expiré, le Roi nommera un autre Président, pris parmi quatre des Présidens des Départemens, dont deux du Clergé & deux de la Noblesse, qui lui seront présentés par l'Assemblée Provinciale.

X V I.

CE qui a été dit des élections, des rangs, ainsi que des Syndics, des Greffiers & de la Commission intermédiaire, pour les Assemblées de Départemens, aura également lieu pour les rangs, les Syndics, les Greffiers, & la Commission intermédiaire de l'Assemblée Provinciale.

XVII.

LES Assemblées municipales de Départemens, ainsi que les Commissions intermédiaires qui en dépendent, seront soumises & subordonnées à l'Assemblée Provinciale & à la Commission intermédiaire qui la représentera, ainsi qu'il sera plus amplement déterminé par Sa Majesté.

XVIII.

SA MAJESTÉ se reserve pareillement de déterminer d'une manière particulière, les fonctions de ces diverses Assemblées, & leur relation avec le Commissaire départi dans ladite Généralité ; Elle entend qu'en attendant qu'Elle se soit plus amplement expliquée, les Règlemens faits par Elle à ce sujet, pour l'Assemblée Provinciale du Berri, soient provisionnellement suivis, ainsi qu'ils se comportent.

FAIT & arrêté par le Roi étant en son Conseil, tenu à Versailles le dix-huit Juillet mil sept cent quatre-vingt-sept.

Signé LOUIS.

Et plus bas LE B.ON DE BRETEUIL.

RÉGLEMENT
FAIT PAR LE ROI,

Sur les fonctions des Assemblées Provinciales, & de celles qui leur sont subordonnées, ainsi que sur les relations de ces Assemblées avec les Intendans des Provinces.

Du 5 Août 1787.

DE PAR LE ROI.

Le ROI, par les Règlemens que Sa Majesté a arrêtés pour la formation & la composition des différentes Assemblées, créées par son Edit du mois de juin dernier, dans toutes les Provinces du Royaume, s'est réservé de déterminer d'une manière particulière, les fonctions de ces différentes Assemblées, ainsi que leurs relations avec le Commissaire départi dans chaque Province. Sa Majesté a ordonné en même-temps, qu'en attendant qu'Elle se fût plus amplement expliquée, les Règlemens faits par Elle à ce sujet, pour les Assemblées Provinciales de Berri & de haute-Guyenne, seroient provisionnellement suivis. Mais ces derniers

Règlemens, faits pour deux Généralités dont les Administrations Provinciales n'ont été composées jusqu'à présent que d'une seule Assemblée, n'ayant pu prévoir la diversité des rapports & des portions d'activité propres à chacune des différentes Assemblées établies dans les autres Provinces, Sa Majesté a pensé qu'il pouvoit être utile de faire connoître, dès ce moment, & de régler avec précision les fonctions respectives de ces Assemblées, celles de son Commissaire départi, & enfin leurs relations réciproques, de manière que la liberté qu'il convient de laisser à l'action de chaque partie ne puisse jamais altérer le concours & la surveillance mutuels qu'exige l'intérêt général de la Province.

En déterminant ces premières bases du nouveau régime, Sa Majesté ne s'est pas dissimulé que le temps seul pourroit fixer ses résolutions définitives sur les améliorations dont il seroit susceptible ; & c'est en se réservant d'y faire successivement les changemens que lui inspirera sa sagesse, que le Roi a ordonné & ordonne provisoirement ce qui suit :

SECTION PREMIÈRE.

Fonctions des Assemblées Municipales.

ARTICLE PREMIER.

L'ASSEMBLÉE Municipale de chaque Paroisse sera tenue de se conformer, tant aux ordres qu'elle recevra au nom du Roi, par la voie de l'Intendant & Commissaire départi, qu'à ce qui lui sera prescrit, soit par l'Assemblée Provinciale, soit par l'Assemblée d'Election, soit enfin par les Commissions intermédiaires de l'une ou de l'autre Assemblée.

II.

LADITE Assemblée sera chargée de la répartition de toutes les impositions & levées de deniers, dont l'assiette devra être faite sur la Communauté, d'après les mandemens qui lui seront adressés à cet effet, en vertu des ordres du Conseil, par l'Assemblée d'Election ou la Commission intermédiaire de ladite Assemblée. La répartition entre les Contribuables

de l'Orléanois.

de la Communauté fera faite par les deux tiers au moins de tous les Membres qui compoferont l'Affemblée Municipale, en obfervant néanmoins que la répartition de la taille & des impofitions accefloires d'icelle foit faite par les feuls Membres taillables de l'Affemblée Municipale.

Et dans le cas où il ne fe trouveroit pas dans l'Affemblée Municipale, les deux tiers des Membres payant taille dans la Paroiffe, ce nombre fera complété à la pluralité des voix de l'Affemblée Paroiffiale, par le choix d'un ou plufieurs autres Taillables de la Paroiffe, pour tous lefdits Députés taillables réunis, procéder conjointement à l'affiette & à la répartition de la taille.

I I I.

LA répartition des impofitions s'opérera dans chaque Communauté, par cinq rôles diftincts & féparés, & tous conformes aux modèles qui feront envoyés.

Le premier rôle contiendra la répartition individuelle de la taille & des impofitions qui en font accefloires, même de la Capitation taillable dans les Elections de taille perfonnelle.

Le fecond contiendra la répartition individuelle de la Capitation des domiciliés dans la Paroiffe, Nobles, Officiers de juftice, Privilégiés ou Employés fous les ordres de l'adminiftration, & auffi celle de la Capitation roturière, dans les Villes franches & dans les Elections de taille réelle. Ces différens objets feront divifés dans le rôle en autant de chapitres; & chaque Contribuable y fera taxé, tant à raifon de fa fortune perfonnelle, que du produit de fes offices ou emplois, felon le taux commun de la Capitation du même genre, dans l'Election ou Département : abrogeant Sa Majefté tous tarifs précédemment obfervés à cet égard.

Le troifième rôle contiendra la répartition de la Subvention Territoriale, dans la forme qui fera plus amplement déterminée par les Règlemens particuliers à cette impofition.

Le quatrième contiendra la répartition de la Contribution pour les chemins.

Enfin le cinquième, celle des fommes deftinées à faire le fonds, tant des décharges & indemnités, que des dépenfes relatives, foit à la Province, soit à l'Election ou au Département, soit à la Communauté; lesquelles sommes seront réputées charges locales, & réparties comme telles.

IV.

CHAQUE rôle sera fait triple, &, des trois expéditions, l'une sera conservée au Greffe de l'Assemblée Municipale, les deux autres seront adressées par le Syndic de l'Assemblée Municipale, avant le premier Novembre, aux Syndics de la Commission intermédiaire de l'Election ou Département, lesquels feront remettre les deux expéditions du rôle de la taille & impositions accessoires d'icelle au greffe de l'Election, pour ledit rôle y être vérifié; l'une des deux expéditions demeurer au Greffe de l'Election, & l'autre expédition destinée pour le recouvrement, être rendue exécutoire dans le délai de trois jours, conformément aux Règlemens. A l'égard des quatre autres rôles, le Syndic de l'Assemblée d'Election en adressera deux expéditions aux Syndics de l'Assemblée Provinciale, pour, lesdites expéditions être par eux présentées au sieur Intendant & Commissaire départi qui les vérifiera, conservera une desdites expeditions & remettra la seconde en forme exécutoire, aux Syndics de l'Assemblée Provinciale, qui la renverront aux Syndics de l'Assemblée d'Election avant le premier Décembre; & les Syndics des Commissions intermédiaires d'Election ou Département, feront repasser tous les rôles exécutoires au Syndic de chaque paroisse avant la fin de Décembre, pour qu'ils soient mis en recouvrement au premier Janvier de l'année suivante.

V.

LE Syndic, ou, en cas d'absence ou légitime empêchement du Syndic, un autre Membre à ce députe par l'Assemblée Municipale, examinera, une fois par semaine, au jour qui sera fixé à cet effet par ladite Assemblée, les différens rôles dont le Collecteur sera porteur, à l'effet de vérifier, 1°. si le recouvrement est en retard, & quelles en sont les causes; 2°. si toutes les sommes recouvrées sont émargées sur le rôle, & existent en entier dans les mains du Collecteur, en deniers ou quittances valables du Receveur de l'Election ou des Adjudicataires d'ouvrages à la charge de la Communauté. Ces quittances seront visées

par

par celui qui fera la vérification, & il fera tenu de remettre, dans le délai de trois jours, à l'Assemblée Municipale, l'état desdites quittances certifié de lui & du Collecteur, & le bordereau pareillement signé de l'un & de l'autre, du montant du recouvrement, des paiemens faits dans la semaine par le Collecteur, & des sommes restantes à recouvrer dans la Paroisse.

V I.

EN cas du retard de paiement de la part des Redevables, il en sera usé comme par le passé, jusqu'à ce qu'il en ait été, par Sa Majesté, autrement ordonné. En conséquence, les contraintes pour le recouvrement des deniers du Roi continueront d'être décernées par le Receveur particulier des finances, visées par le sieur Commissaire départi ou son Subdélégué, & portées par les Huissiers ou Garnisaires, selon les Règlemens en usage dans chaque Généralité. Lorsqu'il sera nécessaire de procéder par voie de saisie & de vente, elles seront faites dans les mêmes formes que par le passé.

V I I.

LES Assemblées Municipales veilleront à prévenir tous les abus auxquels pourroit donner lieu l'exécution des contraintes ou garnisons pour fait d'impositions, notamment à ce que les Huissiers, Chefs de garnison ou Garnisaires, ne séjournent dans les Communautés que le temps nécessaire pour accélérer le recouvrement, & à ce que les frais portent principalement sur les Redevables le plus en retard ; &, afin que les frais soient équitablement réglés & n'excèdent pas une quotité proportionnelle, lesdits Membres de l'Assemblée Municipale signeront la contrainte avec le Collecteur, pour constater ce qui sera dû au Porteur de la contrainte, à raison du nombre de journées réellement employées.

V I I I.

LES Membres de l'Assemblée Municipale seront en outre chargés de tous les objets qui intéressent la Communauté ; ils veilleront à ce que tous les bâtimens & autres objets qui sont ou peuvent retomber à la charge de la Communauté ne soient pas dégradés, & ils prendront les mesures convenables pour qu'il foit promptement pourvu aux réparations qui, trop différées, en néceffiteroient de plus confidérables, ou même des conftructions neuves.

Ils prendront les délibérations néceffaires pour qu'il foit fait des baux d'entretien de tous les objets qui en font fufceptibles, fans cependant que leurs délibérations puiffent être exécutées avant qu'elles aient reçu l'approbation de l'Affemblée Provinciale ou de fa Commiffion intermédiaire, fur l'avis de celle de l'Affemblée d'Election ou Département, ainfi que l'autorifation du Commiffaire départi, fi la dépenfe n'excède pas cinq cents livres, ou celle du Confeil, fi la dépenfe eft plus confidérable.

I X.

LES requêtes préfentées au fieur Intendant & Commiffaire départi pour obtenir la conftruction, reconftruction ou réparation d'une Eglife ou Prefbytère, feront par lui communiquées à l'Affemblée Municipale, fi ces requêtes ne font préfentées par l'Affemblée Municipale elle-même.

Sur la réponfe de l'Affemblée, le Commiffaire départi jugera s'il convient ou non d'autorifer la demande, s'il ne l'autorife pas, il rendra, en conféquence, fon ordonnance qui fera exécutée, fauf l'appel au Confeil.

Si le Commiffaire départi ne trouve pas l'affaire fuffifamment inftruite, ou, fi l'Affemblée Municipale foutient qu'une reconftruction n'eft pas indifpenfable & que des réparations fuffiroient, le Commiffaire départi nommera un Expert pour conftater l'état des lieux en préfence des parties intéreffées, & des Membres de l'Affemblée Municipale. Sur le rapport du procès-verbal de l'Expert, le Commiffaire départi ftatuera ainfi qu'il appartiendra.

Enfin, lorfque le Commiffaire départi aura autorifé la reconftruction ou réparation, il ordonnera qu'il foit procédé à un devis & détail eftimatif par un Expert que défignera fon ordonnance. L'Expert fe rendra fur les lieux, & en préfence des Députés de l'Affemblée Municipale & autres parties intéreffées, il rédigera le devis dans lequel il diftinguera, s'il eft queftion d'un presbytère, les réparations ufufruitières qui font à la charge des Curés ou de leurs fucceffions, d'avec les groffes réparations, & même celles de cette dernière efpèce, qui occafionnées par défaut d'entretien, feroient, par cette raison, à la charge du Curé. S'il s'agit des réparations d'une Eglise, l'Expert aura également soin de ne pas confondre avec les réparations de la nef & autres qui sont à la charge des Paroissiens, les réparations du chœur, celles du clocher suivant sa position, ni celles des Chapelles seigneuriales.

Le procès-verbal de l'Expert entièrement rédigé, sera, par lui affirmé véritable & remis au sieur Commissaire départi, qui, après l'avoir homologué, s'il y a lieu, l'adressera, avec les autres pièces, à la Commission intermédiaire Provinciale, & celle-ci à la Commission intermédiaire de l'Election ou Département, pour qu'elle fasse procéder à l'adjudication, ainsi qu'il sera dit ci-après.

X.

Les délibérations que prendront les Communautés à l'effet d'être autorisées à ester en jugement, soit en demandant, soit en défendant, ne pourront être adressées qu'au sieur Commissaire départi, pour être par lui homologuées, s'il y a lieu, conformément aux Règlemens.

Dans le cas où les habitans auroient demandé en outre, par la même délibération, à être autorisés à faire, soit un emprunt, soit une imposition pour subvenir aux frais du procès, & où le sieur Intendant jugeroit que l'autorisation pour plaider doit être accordée, il donnera communication de la délibération à la Commission intermédiaire de l'Assemblée Provinciale, qui, après avoir entendu la Commission intermédiaire d'Election ou de Département, proposera, sur l'imposition ou emprunt seulement, ce qui lui paroîtra plus convenable.

X I.

L'Assemblée Municipale délibérera sur la fixation, tant des traitemens de son Syndic & de son Greffier, que des autres frais de l'Administration Municipale. Elle prendra aussi toutes les délibérations qu'elle croira convenables, soit pour de nouvelles constructions, soit pour toute espèce d'établissement utile à la Communauté; mais toutes délibérations quelconques pour dépenses, soit de constructions, soit d'administration, n'auront d'effet qu'après que les formalités prescrites par l'article VIII ci-dessus auront été remplies.

X I I.

TOUTES les dépenses d'entretien à la charge des Communautés, seront supportées & acquittées par chaque Paroisse en particulier, quel qu'en soit le montant.

Celles relatives à des constructions neuves qui, quoique sollicitées par une seule Paroisse, auroient cependant un caractère d'utilité générale reconnu par l'Assemblée Provinciale, ne seront à la charge de la Paroisse que jusqu'à concurrence de la somme que Sa Majesté jugera proportionnée aux forces de ladite Paroisse.

Dans le cas où la dépense excéderoit cette somme, l'excédant sera réparti par l'Assemblée d'Election ou Département, sur les Paroisses qui la composent, jusqu'à concurrence de la somme que Sa Majesté jugera convenable de lui faire supporter.

Dans le cas cependant où cet excédant, retombant à la charge de toute l'Election ou Département, surpasseroit la somme qui sera également déterminée pour la contribution des Elections ou Départemens dans ces sortes de dépenses, alors le surplus sera réparti sur toute la Généralité par l'Assemblée Provinciale, qui, passé une certaine somme, pourra pareillement demander à Sa Majesté de concourir à l'acquit de la dépense, ainsi qu'il sera plus amplement expliqué par le Règlement sur les travaux publics.

X I I I.

L'ASSEMBLÉE Municipale adressera directement à la Commission intermédiaire de Département ou d'Election, toutes ses propositions, délibérations & réclamations; & ladite Commission les fera passer avec son avis à l'Assemblée Provinciale ou à la Commission intermédiaire de ladite Assemblée.

X I V.

TOUTES les dépenses ordinaires ou extraordinaires de la Communauté, autorisées dans la forme prescrite ci-dessus, seront acquittées, ainsi qu'il sera réglé, sur les mandats signés par le Syndic & deux Membres de l'Assemblée Municipale, & visé par la Commission intermédiaire de l'élection ou Département.

de l'Orléanois.

X V.

Au mois de Janvier de chaque année, l'Assemblée Municipale se fera rendre compte de toutes les recettes & dépenses faites pendant l'année précédente, en l'acquit de la Communauté : ce compte, certifié & signé tant par le Collecteur que par les Membres de l'Assemblée Municipale, sera adressé avec les pièces justificatives, avant la fin du même mois de Janvier, à la Commission intermédiaire de l'Election ou Département, qui, après l'avoir vérifié, le fera passer avec ses observations à la Commission intermédiaire Provinciale, à l'effet d'être par elle examiné & arrêté définitivement, ainsi qu'il sera prescrit ci-après.

SECONDE SECTION.

Fonctions des Assemblées d'Élection ou de Département.

ARTICLE PREMIER.

IL ne sera fait aucune levée de deniers, soit pour le comte du Roi, soit pour les dépenses de la Province ou des Elections, Départemens, Villes & Communautés qui la composent, qu'elle n'ait été préalablement ordonnée ou autorisée par Sa Majesté, lorsque la dépense excédera Cinq cents livres, ou par le Commissaire départi, lorsqu'elle sera au-dessous de cette somme.

I I.

Les impositions ordonnées par le Roi, seront réparties entre les différentes Communautés, soit par l'Assemblée d'Election ou de Département, soit par sa Commission intermédiaire, d'après les extraits de brevets ou commissions que Sa Majesté fera remettre par la voie de son Commissaire départi, revêtues de l'attache du Bureau des finances de la Généralité, aux Syndics de l'Assemblée Provinciale, qui seront tenus de les faire passer avant le premier Septembre, aux Syndics des Assemblées d'Election ou Département.

I I I.

Le Département entre les Paroisses sera fait pour toutes les impositions royales, l'expédition en forme d'icelui adressée au Bureau des finances, & les mandemens envoyés aux Communautés respectives avant le premier Octobre. Ce délai révolu, le Bureau des finances informera le Commissaire départi de l'envoi de l'expédition du Département, ou du retard de cet envoi ; & dans ce dernier cas, le Commissaire départi procédera lui-même au Département, avant le 15 Octobre, dans la forme prescrite par le Règlement du 16 Avril 1643, sur une expédition en forme de Commissions ou extraits de brevets que les Trésoriers de France lui remettront dans trois jours au plus tard, afin que, pour quelque cause & sous quelque prétexte que ce soit, il ne puisse y avoir difficulté ni retard dans la répartition & la levée des impositions royales.

I V.

Les Assemblées d'Election ou de Département, ainsi que leurs Commissions intermédiaires, seront le lien de la correspondance qui doit exister entre les Assemblées Municipales & l'Assemblée Provinciale : elles feront parvenir à celle-ci les délibérations des Communautés, & transmettront aux Assemblées Municipales les décisions qui les concerneront.

V.

A l'ouverture des séances de chaque Assemblée d'Election ou de Département, les Syndics seront tenus de faire à ladite Assemblée un rapport divisé par matières, de tous les objets qui, depuis la dernière tenue, auront été traités par la Commission intermédiaire, en vertu des délibérations de l'Assemblée, duement autorisées, ou des instructions qui lui auront été adressées, soit au nom de Sa Majesté, soit par l'Assemblée Provinciale.

V I.

Les Assemblées d'Election ou de Départemement adresseront à l'Assemblée Provinciale l'état des frais de leur administration, ainsi que les propositions & représentations qu'elles jugeront devoir faire sur les objets qui intéresseront tout ce qui composera leur territoire.

V I I.

Les Assemblées d'Election & de Département, ou leur Commission intermédiaire, procéderont aux adjudications des ouvrages délibérés par elles dans l'étendue de tout ce qui composera leur territoire. Elles procéderont aussi à celles qui auront été délibérées par l'Assemblée Provinciale, lorsqu'elles auront été commises à cet effet par ladite Assemblée Provinciale ou sa Commission intermédiaire.

VIII.

Les adjudications d'ouvrages particuliers à une Communauté, duement autorisées, seront pareillement faites par la Commission intermédiaire de l'Assemblée d'Election ou de Département, ou par un de ses Membres par elle député à cet effet ; & il sera procédé à ladite adjudication, en présence de l'Assemblée Municipale de ladite Communauté, au chef-lieu de l'Election ou Département, ou dans la paroisse intéressée, selon qu'il sera jugé plus utile par la Commission intermédiaire de l'Assemblée d'Election.

IX.

En général, tout ce qui intéressera exclusivement ce qui composera le territoire des Assemblées d'Election ou Département, sera d'abord délibéré & ensuite exécuté par elles ou leurs Commissions intermédiaires, lorsque, sur l'avis de l'Assemblée Provinciale, l'exécution en aura été autorisée par Sa Majesté.

Mais tout ce qui regardera le général de la Province, ne sera pas l'objet de leurs délibérations, & l'exécution ne leur en appartiendra, dans l'étendue de leur territoire, que lorsqu'elles auront été déléguées, elles ou leurs Commissions intermédiaires, à cet effet, par l'Assemblée Provinciale ou sa Commission intermédiaire.

TROISIÈME SECTION.

Fonctions de l'Assemblée Provinciale.

Article Premier.

Toutes les sommes nécessaires pour faire le fonds des indemnités ou décharges générales ou particulières, pour les frais d'administration, pour la construction & l'entretien des routes, ouvrages d'arts & canaux de navigation dans l'étendue de la Province, & en général pour toutes les dépenses, à la charge, soit de la Province entière, soit de quelqu'une de ses parties, ou qui auroient une utilité générale ou particulière pour objet, seront délibérées chaque année par l'Assemblée Provinciale qui en opposera au Conseil l'état avec distinction des objets par la voie du Commissaire départi, en y joignant les plans & devis, à l'effet de recevoir l'autorisation du Roi, s'il y a lieu.

I I.

LORSQUE les travaux auront été autorisés & l'état approuvé, les sommes auxquelles cet état se trouvera fixé, seront réparties sans délai, par la Commission intermédiaire Provinciale entre toutes les Assemblées d'Elections ou de Départemens ; & les mandemens qui détermineront la contribution respective de chacune d'elles, avec distinction des objets, seront envoyés à leurs Commissions intermédiaires, à l'effet d'être par chacune d'elles procédé à la répartition entre les Communautés.

I I I.

TOUTES les demandes en décharge ou indemnités formées par un particulier, seront portées à l'Assemblée Municipale, & pourront l'être ensuite à l'Assemblée d'Election ou de Département.

Celles du même genre qui seront formées par des Paroisses, pourront, après avoir été portées aux Assemblées d'Election ou de Département, l'être une seconde fois à l'Assemblée Provinciale, à laquelle seront aussi portées les demandes formées par des Elections ou Départemens, le tout ainsi qu'il sera plus amplement réglé par Sa Majesté.

I V.

L'ASSEMBLÉE Provinciale, pendant la tenue de ses séances, ou dans les cas très-urgens, sa Commission intermédiaire procédera seule dans la forme qui sera déterminée par le Règlement que Sa Majesté se propose de donner sur les travaux publics, à l'adjudication, à la direction & à la réception de ceux de ces travaux que l'Assemblée aura proposés, & qui s'exécuteront

de l'Orléanois.

s'exécuteront fur les fonds de la Province : les dépenfes relatives à ces travaux feront acquittées fur les mandats donnés par la Commiffion intermédiaire, d'après les certificats des Ingénieurs.

V.

LES dépenfes relatives à toutes les charges locales, communes & affifes fur les fonds communs de la Province, feront également acquittées fur les feuls mandats de l'Affemblée Provinciale ou de fa Commiffion intermédiaire.

V I.

L'ASSEMBLÉE Provinciale & fa Commiffion intermédiaire pourront faire parvenir au Confeil toutes les propofitions & Mémoires qu'elles jugeront utiles à la Province.

V I I.

TOUS les Comptes des Communautés, ainfi que ceux des dépenfes qui feront faites fous l'Adminiftration, tant de l'Affemblée Provinciale que des Affemblées d'Elections ou Départemens, feront envoyés ou préfentés à la Commiffion intermédiaire Provinciale, pour y être examinés & arrêtés dans la forme qui fera déterminée dans la fection fuivante.

V I I I.

A l'ouverture des féances de chaque Affemblée Provinciale, les Syndics feront tenus de faire à-ladite Affemblée, un rapport divifé par matières de tous les objets qui, depuis la dernière tenue, auront été traités par la Commiffion intermédiaire, en vertu des délibérations de l'Affemblée Provinciale, dûment autorifée, ou des inftructions qui lui auront été adreffées au nom de Sa Majefté.

I X.

LES procès-verbaux des féances de l'Affemblée Provinciale feront livrés à l'impreffion pendant la durée des féances, de manière qu'ils puiffent être rendus publics immédiatement après la clôture de l'Affemblée.

F

Assemblée Provinciale

QUATRIÈME SECTION.

Fonctions respectives du Commissaire départi & de l'Assemblée Provinciale.

ARTICLE PREMIER.

LE Commissaire départi remplira auprès de l'Assemblée Provinciale les fonctions de Commissaire du Roi : aucune délibération ne pourra être prise par l'Assemblée avant qu'il en ait fait l'ouverture ; il fera connoître à l'Assemblée les intentions de Sa Majesté, & en fera la clôture le trentième jour ou même plutôt, si les ordres du Roi le lui prescrivent, ou, si les affaires étant terminées, il en est requis par l'Assemblée.

II.

LES Syndics seront tenus d'informer chaque jour le Commissaire du Roi, des objets qui auroient été mis en délibération dans l'Assemblée, & de ce qu'elle aura déterminé.

III.

L'ASSEMBLÉE Provinciale correspondra pendant la tenue de ses séances avec le sieur Contrôleur général des finances, & les autres Ministres de Sa Majesté, par la voie de son Président, qui sera tenu d'envoyer au sieur Contrôleur général des finances, immédiatement après chaque délibération, une copie du procès-verbal de chaque séance, des Mémoires qui y auront été adoptés & des avis formés en conséquence. Pareille copie contre-signée par le Secrétaire de l'Assemblée, sera remise en même-temps au Commissaire départi.

IV.

AUSSITÔT après la clôture de l'Assemblée, le procès-verbal entier de ses séances sera adressé par le Président au sieur Contrôleur général, & au Secrétaire d'Etat de la Province. Pareille copie dudit procès-verbal sera

de l'Orléanois.

remise au sieur Intendant & Commissaire départi pour y faire ses observations s'il le juge convenable.

V.

CHAQUE Commission intermédiaire sera tenue de faire remettre ou adresser par ses Syndics, dans la huitaine, au sieur Intendant & Commissaire départi, une copie des délibérations qu'elle aura pu prendre, contre-signée & certifiée par le Secrétaire de ladite Commission.

V I.

ORDONNE expressément Sa Majesté à tous Représentans & Secrétaires-greffiers soit de l'Assemblée Provinciale, soit des autres Assemblées ou Commissions qui lui sont subordonnées, de donner, sans aucun délai, à son Commissaire départi, tous les éclaircissemens ou communications qui leur seront demandés par ledit sieur Commissaire départi ; comme aussi à tous préposés de se soumettre aux vérifications qu'il pourra juger nécessaires.

V I I.

L'INTENTION de Sa Majesté est aussi que son Commissaire départi procure à l'Assemblée Provinciale tous les éclaircissemens que ledit sieur Commissaire départi jugera lui être nécessaires pour ses opérations, sans que l'Assemblée puisse, sous aucun prétexte, prendre aucune délibération contraire aux actes d'administration antérieurs à celle que Sa Majesté veut bien lui confier.

V I I I.

L'INTENTION de Sa Majesté étant qu'il ne soit statué en son Conseil sur aucune délibération, demande ou proposition des Assemblées Provinciales, sans qu'elles aient été communiquées aux sieurs Commissaires départis, & le bien du service étant intéressé à la plus prompte expédition possible, les Syndics de l'Assemblée Provinciale remettront, au nom de la Commission intermédiaire, au sieur Intendant & Commissaire départi, les lettres, mémoires, état & projets d'arrêts qui devront être adressés au sieur Contrôleur général ; auquel ledit sieur Commissaire départi fera parvenir toutes ces pièces en original, en y joignant les observations & avis. Il remettra de même en original ou par ampliation, suivant la nature des objets, aux Syndics, les réponses, décisions ou arrêts qu'il recevra du sieur Contrôleur général pour la Commission intermédiaire. N'entend néanmoins Sa Majesté interdire, par la présente disposition, toute correspondance directe entre son Conseil & les Commissions intermédiaires des Assemblées Provinciales, pour les objets étrangers à la correspondance courante & habituelle.

IX.

LE Commissaire départi connoîtra seul de tout le contentieux qui peut concerner l'Administration, sauf l'appel au Conseil. En conséquence toutes les discussions qui pourroient s'élever, soit entre des Propriétaires qui auroient succombé dans des demandes en indemnités pour pertes de terrains par des ouvrages publics, & les Syndics qui soutiendroient la décision de l'Assemblée Provinciale, ou de sa Commission intermédiaire, soit entre les mêmes Syndics & des Adjudicataires des travaux publics, soit entre les Assemblées Municipales & les Contribuables qui se pourvoiroient pour raison de surtaxe contre leurs impositions, à l'exception toutefois de celles qui sont de la compétence des Élections & Cours des Aides, & en général toutes les contestations & demandes de nature à être portées, par appel, au Conseil, seront portées en première instance devant le sieur Intendant & Commissaire départi.

X.

LE Commissaire départi procédera seul & sans concours, ni de l'Assemblée Provinciale, ni de sa Commission intermédiaire, à l'adjudication, direction & réception des ouvrages qui s'exécuteront sur les seuls fonds du Roi, & les dépenses en seront acquittées sur les seules ordonnances.

XI.

LORSQUE les ouvrages se feront, partie sur les fonds du Roi, & partie sur les fonds de la Province, toutes les opérations seront déterminées par la Commiffion intermédiaire préfidée par le Commiffaire départi, qui aura voix prépondérante en cas de partage, & les ordonnances feront expédiées par le feul Commiffaire départi.

En cas d'abfence dudit fieur Intendant, fon fubdélégué entrera à la Commiffion intermédiaire; il y aura voix délibérative; mais il ne préfidera pas : il n'aura que la feconde place, &, en cas de partage, la voix prépondérante appartiendra au Préfident.

XII.

Les états détaillés des diverfes impofitions faites fur chacune des Villes & Communautés de la Province, feront tous redigés fur le même modèle, & envoyés à la diligence des Syndics des différentes Commiffions intermédiaires, dans le courant du mois de mars de l'année qui fuivra celle de l'impofition, à la Commiffion provinciale intermédiaire, ainfi que l'état juftifié des dépenfes faites par chaque Collecteur pour la même année, fur les fonds des deniers impofés pour les charges de la Province ou de la Communauté.

XIII.

Les Syndics feront à la Commiffion intermédiaire préfidée par le Commiffaire départi, le rapport de ces comptes, à l'effet, par elle, de les vérifier & d'ordonner que le montant des fommes qui n'auront pas été valablement impofées, ou qui n'auront pas été dépenfées, fera appliqué en moins impofé au profit des Communautés qui en auront fupporté l'impofition.

XIV.

Les comptes de toutes les dépenfes faites fur les fonds de la Province, feront également rendus devant la même Commiffion intermédiaire préfidée par le Commiffaire départi qui aura toujours, en cas de partage, la voix prépondérante.

XV.

Tous les Arrêts & Règlemens émanés de l'autorité de Sa Majefté, feront imprimés, publiés & affichés fur l'ordonnance d'attache du fieur Intendant & Commiffaire départi.

CINQUIÈME SECTION.

CÉRÉMONIAL.

Article Premier.

Dès que l'Assemblée Provinciale sera formée, elle en fera prévenir le Commissaire du Roi par deux Députés, l'un de la Noblesse ou du Clergé, l'autre du Tiers-état. Le Commissaire départi se rendra à l'Assemblée en robe de cérémonie du Conseil, & précédé de ses hoquetons : il sera reçu à la première porte extérieure par les Syndics de l'Assemblée : plus loin, par quatre Députés, un du Clergé, un de la Noblesse, deux du Tiers-état : dans le lieu même des séances, par l'Assemblée debout & découverte, & il sera conduit à un fauteuil à la gauche duquel il en sera placé un autre pour le Président de l'Assemblée : le Commissaire du Roi sera reconduit avec les mêmes honneurs.

II.

Il pourra entrer à l'Assemblée toutes les fois qu'il le croira utile pour le bien du service de Sa Majesté ; &, toutes les fois qu'il y entrera, les mêmes honneurs lui seront rendus.

III.

Le lendemain de l'ouverture des séances, il sera fait une Députation au Commissaire du Roi, pour le saluer de la part de l'Assemblée.

IV.

Le Commissaire du Roi sera invité, par l'Assemblée, à toutes les cérémonies publiques auxquelles elle se proposera de prendre part : il se rendra à l'heure convenue, au lieu des séances de l'Assemblée, marchera & sera placé à côté du Président, & le Commissaire du Roi aura la droite.

de l'Orléanois.

FAIT & arrêté par le Roi en son Conseil, tenu à Versailles le cinq Août mil sept cent quatre-vingt-sept.

Signé LOUIS.

Et plus bas : LE B^{on}. DE BRETEUIL.

Du 7 Septembre.

LA MESSE DU SAINT-ESPRIT a été célébrée, sans Cérémonie, en l'Eglise Paroissiale de Sainte-Catherine.

SECONDE SÉANCE.

Du dix Septembre 1787.

L'Assemblée ayant pris séance, on a fait lecture du Procès-verbal de la Séance du six du présent mois.

M. le Duc de Luxembourg, Président, a dit que l'Assemblée alloit s'occuper à se compléter, & il a observé qu'on ne pourroit procéder à l'élection de la moitié des Membres qui doivent composer les Assemblées de Départemens, n'ayant pas encore reçu les ordres du Roi qui doivent nommer les Présidens dont Sa Majesté s'est réservé le choix.

Ensuite M. l'Evêque de Chartres a rendu compte du travail de sa Commission, après lequel on est allé au scrutin, pour l'élection des Membres qui doivent occuper dans l'Assemblée les places & les offices laissés par Sa Majesté à sa disposition.

M. le Duc de Luxembourg a nommé M. *l'Evêque de Chartres* & M. *le Marquis de Verteillac*, pour vérifier les billets qui sortiroient du scrutin.

On a commencé par l'élection du Secrétaire-Greffier de l'Assemblée. Le sieur *Rou*, ancien Notaire d'Orléans, ayant obtenu la pluralité des suffrages, a été introduit dans la Salle d'Assemblée, où, après avoir prêté serment entre les mains de M. le Duc de Luxembourg, Président, de

bien

Assemblée Provinciale de l'Orléanois.

bien & fidélement gérer son emploi, d'observer un secret inviolable sur les délibérations, & sur le contenu des registres de l'Assemblée, de lui garder obéissance, ainsi qu'à ses Préposés, il a été mis incontinent en possession de son Bureau.

M. LE DUC DE LUXEMBOURG a dit, qu'il convenoit de continuer les autres élections par la même voie du scrutin, en commençant par celle des deux Syndics de l'Assemblée Provinciale.

Les suffrages s'étant réunis sur M. *l'Abbé de La Geard*, pour la place attribuée à l'ordre Noble, il a quitté celle que lui donnoit la nomination du Roi pour l'Election de Pithiviers.

M. Robillard, Procureur du Roi honoraire à l'Election de Chartres, a été choisi pour Syndic de l'Ordre du Tiers.

Les suffrages pour les autres places, se sont réunis sur les Sujets des deux Ordres, ainsi qu'il suit :

ÉLECTION D'ORLÉANS.

CLERGÉ.

M. L'ABBÉ DE BAUSSET, Chanoine de l'Eglise d'Orléans, & Vicaire Général du Diocèse.

NOBLESSE.

M. LE MARQUIS DE COUÉ.

ÉLECTION DE BAUGENCI.

CLERGÉ.

M. L'ABBÉ LOUIS, Conseiller au Parlement de Paris.

TIERS-ÉTAT.

M. DE L'ARCHE, Lieutenant-Particulier au Bailliage de Blois.

ÉLECTION DE CHARTRES.

CLERGÉ.

M. L'Abbé de Thorigné, Sous-Doyen de l'Eglise de Chartres.

NOBLESSE

M. Le Marquis de Fains.

TIERS-ÉTAT.

M. Triballet du Gord, Maire de la ville de Chartres.
M. Bouvet, Négociant à Chartres.

ÉLECTION DE DOURDAN.

CLERGÉ.

M. L'Abbé de Sieyes, Grand-Vicaire de Chartres.

TIERS-ÉTAT.

M. Boutet, ancien Receveur des Tailles.

ÉLECTION DE BLOIS.

CLERGÉ.

M. de Thorame, Chanoine & Sous-Doyen de Blois.

ÉLECTION DE ROMORANTIN.

NOBLESSE.

M. Le Comte d'Orléans de Rère.

de l'Orléanois.

C L E R G É.

M. THUAUT DE BEAUCHÊNE, Lieutenant-Général au Bailliage de Romorantin.
M. DE LA NOUE, Cultivateur à la Ferté-Imbault.

ÉLECTION DE CHATEAUDUN.

C L E R G É.

M. PILLARD, Curé d'Unvers.

T I E R S - É T A T.

M. LOYRET, Lieutenant-Général au Bailliage de Châteaudun.

ÉLECTION DE VENDOSME.

C L E R G É.

Dom BUZERET, Procureur des Bénédictins de Vendôme.

N O B L E S S E.

M. LE COMTE DE ROCHAMBEAU.

T I E R S - É T A T.

M. DE BOISRICHARD, Conseiller au Bailliage de Vendôme.

ÉLECTION DE MONTARGIS.

C L E R G É.

M. ANQUETIL, Prieur-Curé de Châteaurenard.

T I E R S - É T A T.

M. GASTELLIER, Maire de Montargis.

G ij

Assemblée Provinciale de l'Orléanois.

ÉLECTION DE PITHIVIERS.

N O B L E S S E.

M. Le Comte de Rouville.

T I E R S - É T A T.

M. Fougeroux de Bondaroi.

ÉLECTION DE GIEN.

T I E R S - É T A T.

M. Tellier, Procureur-Fiscal à Beaulieu.

ÉLECTION DE CLAMECI.

N O B L E S S E.

M. Le Vicomte de Toulongeon.

T I E R S - É T A T.

M. Pautre de la Motte, Maire de Saint-Sauveur.
M. Petit de Vaujentin, Élu de Clameci.

L'Assemblée est convenue & arrêté qu'il ne seroit présenté aux différens Bureaux aucune pièce ni Mémoire, sans en avoir préalablement conféré avec M. le Président.

M. le Duc de Luxembourg, Président, a fixé la Séance à demain onze du courant, dix heures du matin.

Fait & arrêté, à Orléans, le dix Septembre mil sept cent quatre-vingt-sept.

Ainsi *signé* : MONTMORENCY, Duc de Luxembourg, Président,

& plus bas : Rou, Secrétaire.

TROISIÈME SÉANCE.

Du onze Septembre 1787.

L'Assemblée Provinciale ayant pris séance, on a fait lecture du Procès-verbal de la Séance du dix du présent mois.

M. LE DUC DE LUXEMBOURG, Président, a prevenu l'Assemblée qu'elle alloit être instruite du travail dont s'étoit chargé le Bureau de *M. le Coadjuteur d'Orléans* : *M. le Baron de Montboissier*, Membre dudit Bureau, a fait lecture d'un rapport sur les Règlemens des dix-huit Juillet & cinq Août derniers, concernant les Assemblées Provinciales. L'Assemblée a applaudi au travail auquel *M. le Baron de Montboissier* a bien voulu se livrer ; Elle lui en a fait ses remerciemens, & l'a prié d'y insérer les observations qui ont été faites, & de les représenter à l'Assemblée de demain, pour en être fait une seconde lecture.

M. le Président a fixé l'Assemblée à demain douze du présent mois, dix heures du matin.

Fait & arrêté, à Orléans, le onze Septembre mil sept cent quatre-vingt-sept.

Ainsi *signé* : MONTMORENCY, DUC DE LUXEMBOURG, Président,

                         & plus bas : ROU, Secrétaire.

QUATRIÈME SÉANCE.

Du 12 Septembre 1787.

L'ASSEMBLÉE Provinciale ayant pris séance, on a fait lecture du Procès-verbal de la Séance du onze du présent mois.

M. LE DUC DE LUXEMBOURG, Président, a dit que l'Assemblée alloit entendre la seconde lecture du Rapport que M. le Baron de Montboissier a fait à la Séance du onze.

Lecture ayant été faite, il a été arrêté d'une voix unanime, que les principes de ce Rapport étoient adoptés par l'Assemblée ; que M. le Président seroit chargé de remettre ledit Rapport à M. l'Archevêque de Toulouse, ainsi qu'à M. le Contrôleur-Général ; & que l'Assemblée s'en remettroit à la prudence de M. le Président pour en conférer avec les Ministres.

Il a été arrêté que la Commission intermédiaire étoit autorisée à préparer de nouvelles observations sur le Règlement, lesquelles seroient ensuite discutées à l'Assemblée Provinciale ; & qu'en attendant, M. le Président seroit autorisé, comme il a été dit ci-dessus, à en conférer avec les Ministres.

M. le Baron de Montboissier & M. de Lavoisier ont été nommés pour la rédaction des Procès-verbaux.

M. le Marquis de Verteillac ayant pris le Bureau de M. de Lavoisier, a fait lecture du Rapport suivant, concernant les instructions à donner à la Commission intermédiaire.

MESSIEURS,

FIXER dans la circonstance actuelle, d'une manière précise & déter-

Assemblée Provinciale de l'Orléanois.

minée, les fonctions auxquelles la Commission intermédiaire devra se livrer, ce seroit en quelque façon mettre des bornes à son activité, & des citoyens honorés du choix du Souverain & de la confiance de leurs confrères pour assurer la prospérité de la nation, ne peuvent point en connoître : d'un autre côté, donner à ses fonctions toute l'extension dont elles peuvent être susceptibles, ce seroit lui imposer une tâche que la brièveté du temps pendant lequel vous demeurerez séparés, ne lui permettroit pas de remplir.

Ce que Nous croyons, Messieurs, pouvoir vous proposer de mieux dans cette alternative embarrassante, est de vous en reposer entièrement sur le zèle & sur les lumières des Membres qui doivent la composer. Les réflexions que Nous allons vous présenter, ont donc moins pour objet de lui rien prescrire sur la forme de son travail, que de vous en faire connoître toute l'importance & toute l'étendue.

Les premiers momens de votre existence ont été employés à compléter votre Assemblée : bientôt la multiplicité des objets que vous aurez à traiter, vous obligera de la diviser en un certain nombre de Bureaux qui embrasseront tout l'ensemble des fonctions auxquelles vous êtes appelés. Nous pensons que c'est à préparer les matériaux, que ces Bureaux doivent mettre en œuvre ; que c'est à rassembler les bases qui doivent servir de fondement à leurs travaux, que la Commission intermédiaire doit principalement s'occuper pendant cette première époque. Nous désirerions qu'elle pût, d'ici au mois de Novembre prochain, rédiger un certain nombre de Mémoires séparés & correspondans à la division de vos Bureaux, & Nous nous permettrons même de vous tracer un Extrait sommaire des objets qu'elle doit y traiter.

PREMIER MÉMOIRE, sur les Impositions & Subsides de toute espèce, que paient les habitans de la Généralité d'Orléans, par Election, & même, s'il est possible, par Paroisse ; sur l'état du Recouvrement ; sur les frais de Poursuite & de Perception; sur ceux d'Administration de la Province ; sur la base qui a servi jusqu'ici pour la Répartition du Vingtième, de la Capitation, de la Taille & de ses accessoires, ainsi que de la Contribution représentative de la Corvée ; Enfin, sur les Modérations & Indemnités qui sont accordées, & sur les moyens d'y pourvoir. L'assiette de l'Impofition, & fon recouvrement, ont, comme toutes les manutentions, une tenue d'états & de regiftres, une forte de méchanifme, dont il eft néceffaire que vous foyez inftruits, parce qu'on ne peut fe flatter de bien connoître des objets très-compliqués, qu'autant qu'on en a fuivi les détails jufque dans leurs dernières ramifications.

SECOND MÉMOIRE, fur les grands Chemins & les Travaux publics. Il eft important que la Commiffion intermédiaire puiffe vous préfenter au mois de Novembre, fous ce titre, un Tableau des grandes routes exiftantes dans la Généralité; de celles commencées, de celles projetées, de toutes celles dont la confection pourroit être utile & défirable pour le débouché des denrées & des marchandifes de la Province; qu'elle y joigne les cartes, plans & devis des travaux actuels; qu'elle vous faffe connoître les fonds qui y font affectés, les moyens qu'on peut propofer pour les accélérer, un état des atteliers de charité qui ont eu lieu cette année, & de ceux qu'on pourra établir pour l'année prochaine : elle ne doit pas négliger de raffembler des détails fur la nature & la qualité des matériaux, fur leur prix, fur la facilité ou la difficulté de leur extraction & de leur tranfport; fur les reffources ou les obftacles qu'offrent à cet égard les différentes parties de la Généralité. Ce même Mémoire pourra préfenter des réflexions fur la nouvelle forme qui a été fubftituée à l'ancienne, depuis que la Corvée perfonnelle a été remplacée par une Contribution en argent, & fur les moyens de réprimer & fur-tout de prévenir les abus dans les Adjudications.

TROISIÈME MÉMOIRE, fur les Rivières navigables, & fur l'entretien ou les réparations qu'elles exigent; fur celles qui font fufceptibles d'être rendues navigables; fur les Canaux qu'on a propofé d'ouvrir; fur les projets qui ont été rédigés ou préfentés à cet égard; fur les caufes qui en ont ou retardé ou fait perdre de vue l'exécution.

QUATRIÈME MÉMOIRE, fur la population déterminée, foit d'après le nombre des naiffances, foit par des dénombremens effectifs avec diftinction de sexe s'il eft poffible; fur l'état de l'Agriculture, fur les encouragemens dont elle peut avoir befoin; fur les obftacles qui s'oppofent à fes progrès; fur les nouvelles Cultures qu'on pourroit introduire dans la

Généralité

Généralité d'Orléans ; fur les moyens qu'on pourroit employer pour les y fixer & les y naturalifer ; fur la multiplication des fourrages ; fur celle des beftiaux ; fur l'amélioration des races ; enfin, fur le concours qu'on peut établir pour ces objets avec la Société d'Agriculture d'Orléans.

CINQUIÈME MÉMOIRE, fur le Commerce de la Généralité d'Orléans ; fur l'induftrie de fes habitans ; fur les Manufactures qui y font établies ; fur le nombre des individus qu'elles occupent ; fur le débouché des Marchandifes qui s'y fabriquent ; fur les reffources qu'elles procurent, afin que vous connoiffiez, le plus exactement qu'il fera poffible, les forces de la Province, & que vous puiffiez en toute circonftance rapprocher la mefure des facultés de celle des Contributions.

La Commiffion intermédiaire ne pourra fe difpenfer de raffembler encore dans un fixième Mémoire, un apperçu des frais qu'occafionnera l'établiffement des Affemblées Provinciales, de Département & Municipales, de les difcuter & de vous préfenter les moyens de les réduire à l'indifpenfable, foit en réuniffant les places de Greffiers à celles de Syndics, dans les Paroiffes qui en font fufceptibles, foit en fubftituant des récompenfes honorifiques aux traitemens pécuniaires ; elle trouvera à cet égard des indications patriotiques dans les Mémoires qui ont été lus au Bureau par Meffieurs *l'Abbé Defprades*, *le Marquis d'Avaray*, *de Salaberry*, *& le Baron de Montboiffier*, & qui feront remis à la Commiffion intermédiaire ; elle devra également vous mettre à portée de déterminer la confiftance de vos Bureaux, le nombre des Commis dont ils feront compofés, & de fixer les appointemens qui leur feront accordés.

Quelque multipliés que foient les détails que Nous venons de vous préfenter, l'efprit d'ordre qui préfide depuis long-temps à l'adminiftration de cette Généralité, & qui y eft héréditaire, ne permet pas de douter qu'une partie des réfultats que Nous pouvons défirer ne foient déjà entre les mains de M. *l'Intendant*, & la Commiffion intermédiaire fera autorifée à les lui demander ; elle pourra s'adreffer en outre aux Directeurs des Vingtièmes ou Receveurs des Impofitions, aux Ingénieurs des Ponts & Chauffées ; enfin, elle pourra tirer parti de la correfpondance avec fes Commiffions intermédiaires des Affemblées de Départemens, fi elles font affez tôt en activité.

H

Une partie des bases que la Commission intermédiaire pourra se procurer dans ce premier moment, n'aura peut-être pas le degré de précision & de rigueur que vous avez droit d'exiger, & vous désirerez sans doute établir vos travaux sur des fondemens plus solides; mais il est un grand nombre d'objets sur lesquels c'est avoir déjà fait beaucoup que de s'être procuré des apperçus, & le temps d'ailleurs, & le secours que vous trouverez dans les Assemblées de Départemens, vous mettront à portée de les vérifier & de les rectifier.

Nous pensons que c'est à Orléans que la Commission devra tenir ses Séances, qu'elle devra s'assembler au moins une fois par semaine, & plus souvent si les circonstances l'exigent.

Il nous paroît nécessaire que le Secrétaire-Greffier tienne un registre sur lequel sera inscrit le procès-verbal de chaque Assemblée; l'ouverture de chaque Séance sera faite par la lecture du procès-verbal de la précédente, & il sera signé par ceux qui étoient présens. Ce registre sera mis sous vos yeux chaque année à l'ouverture de l'Assemblée Provinciale, vous pourrez nommer des Commissaires pour l'examiner, & vous jugerez par le compte qui vous sera rendu, de l'activité que la Commission aura mise dans ses travaux.

Une des fonctions de la Commission intermédiaire devra être de rassembler tous les Mémoires qui lui seront adressés, non-seulement par les Membres de l'Assemblée Provinciale & de celle de Département qui sont ses Correspondans nés, mais encore de quelques personnes que ce soit, d'en faire un examen provisoire & de rendre compte à l'Assemblée Provinciale de ceux qui paroîtront mériter quelqu'attention. Ce sera à vous, Messieurs, à juger l'usage qui devra être fait dans ces Mémoires, à ordonner la publication & l'impression de ceux que vous croirez pouvoir servir à l'instruction publique, & à faire une mention honorable dans vos procès-verbaux d'Assemblée de ceux qui vous en paroîtront susceptibles.

Quelque court que soit l'intervalle de votre séparation, il est indispensable que la Commission intermédiaire vous représente pendant votre absence, mais les pouvoirs ne doivent s'étendre qu'à donner des décisions provisoires sur les objets urgens, & qui ne seront pas susceptibles de délais; elle vous devra compte d'ailleurs de tout, & ses décisions ne deviendront régulières & définitives qu'autant que vous les aurez approuvées. Vous pouvez, au surplus, compter assez sur la discrétion de ceux qui doivent la composer, pour être persuadés qu'ils ne prendront rien sur eux dans des objets importans, à moins qu'ils n'y soient déterminés par la force des circonstances.

Lesdites instructions ont été approuvées par l'Assemblée, qui en a ordonné l'impression dans son procès-verbal.

Il a été mis en délibération de savoir si les Officiers des Elections sont éligibles dans les Assemblées de Départemens; l'Assemblée Provinciale considérant que leurs fonctions étant relatives aux impositions, pourroient se trouver en contradiction avec celles qui sont attribuées aux Assemblées de Départemens, il a été arrêté que le Ministre des Finances seroit prié de vouloir bien faire passer à l'Assemblée les ordres de Sa Majesté, à cet égard, pour qu'ils soient transmis sur le champ aux Assemblées de Département.

M. le Président a fixé le jour de la Séance à demain treize du courant dix heures du matin.

Fait & arrêté à Orléans, ce douze Septembre mil sept cent quatre-vingt-sept.

Ainsi *signé* : MONTMORENCY, Duc DE LUXEMBOURG, Président,
Et plus bas : ROU, Secrétaire.

CINQUIÈME SÉANCE.
Du 13 Septembre 1787.

L'Assemblée Provinciale ayant pris séance, on a fait lecture du Procès verbal de la Séance précédente.

M. LE DUC DE LUXEMBOURG, Président, a dit que l'Assemblée alloit entendre le Mémoire de M. l'Abbé *Desprades*, sur les dépenses qu'occasionneront les Assemblées Provinciales, celles de Département, leur Commission intermédiaire, & les Assemblées Municipales, & sur les principes d'économie qui doivent diriger l'Assemblée Provinciale lorsqu'elle s'occupera de les fixer. L'Assemblée a remercié M. l'Abbé *Desprades*, de l'excellent Mémoire qu'il a lu, & a arrêté qu'il seroit déposé dans les Archives.

M. le Président a prévenu que l'Assemblée alloit s'occuper de la nomination des Membres qui doivent composer la Commission intermédiaire, & de la nomination de la moitié des Membres qui doivent entrer dans les Assemblées de Département. Il a observé que, malgré toutes les diligences qu'il avoit pu faire, il n'avoit pas encore reçu les lettres du Roi pour la nomination des Présidens des Assemblées de Département ; & que comme il étoit incertain si le choix de Sa Majesté tomberoit sur un Membre du Clergé ou de la Noblesse, il proposoit de ne nommer que dix Membres, au lieu de douze, sauf aux Assemblées de Département à nommer un Membre de plus pour se compléter, ce qui a été universellement adopté.

M. *l'Evêque de Chartres* ayant pris le Bureau, a fait le rapport du travail de la Commission, après lequel on a été au scrutin.

Assemblée Provinciale de l'Orléanois.

M. LE DUC DE LUXEMBOURG a nommé M. *l'Evêque de Chartres* & M. *le Marquis de Verteillac*, pour vérifier les billets qui fortiroient du scrutin.

Les suffrages se sont réunis sur les Sujets des différens Ordres, ainsi qu'il suit.

COMMISSION INTERMÉDIAIRE.

CLERGÉ.

M. L'ABBÉ DE CÉSARGE, Abbé de Saint-Euverte.

NOBLESSE.

M. LE PRÉSIDENT DE SALABERRY.

TIERS-ÉTAT.

M. BOESNIER DE LORME, ancien Maître particulier des Eaux & Forêts de Blois.

M. LEVASSOR-DU-BOUCHET, Trésorier de France.

ASSEMBLÉES DE DÉPARTEMENT.

DÉPARTEMENT POUR LES ÉLECTIONS D'ORLÉANS ET DE BAUGENCI.

ÉLECTION D'ORLÉANS.

CLERGÉ.

M. SORET, Prieur de Saint-Donatien.

NOBLESSE.

M. LE MARQUIS DE DAMPIERRE-CUGNAC, Seigneur d'Huisseau.

Assemblée Provinciale

TIERS-ÉTAT.

M. Recullé, Procureur Fiscal à Châteauneuf.
M. Massuau de la Borde, ancien Maire de la Ville d'Orléans.
M. Raguenet, Négociant à Orléans.

ÉLECTION DE BAUGENCI.

CLERGÉ.

M. Baschet, Curé de Villorseau.

NOBLESSE.

M. Dupont, Comte de Veillenne.

TIERS-ÉTAT.

M. Dargent, Négociant à Meung.
M. Miron de Poisioux.
M. Savard, Procureur du Roi des Eaux & Forêts de Baugenci.

DÉPARTEMENT
DES ÉLECTIONS DE CHARTRES ET DE DOURDAN.
ÉLECTION DE CHARTRES.

CLERGÉ.

M. L'Abbé Siéyes, Chanoine de la Cathédrale de Chartres.
M. L'Abbé Thierry.

NOBLESSE.

M. Le Marquis de Fains.
M. Le Comte de Blainville, Seigneur des Noyers.

de l'Orléanois.

TIERS-ÉTAT.

M. Asselin, Lieutenant-Général au Bailliage de Chartres.
M. de la Villette, Secrétaire du Roi.
M. Bouvet, Négociant à Chartres.
M. Lelong, Fermier à Baillau.

ÉLECTION DE DOURDAN.

CLERGÉ.

M. L'Abbé d'Hozier, Abbé de Clairefontaine.

NOBLESSE.

M. Le Marquis de Verteillac.

TIERS-ÉTAT.

M. Lebrun, Secrétaire du Roi.
M. Briere de Mondétour, Bailli de Basville.
M. Sénéchau, Maire de Dourdan.

DÉPARTEMENT
DES ÉLECTIONS DE VENDOSME ET CHATEAUDUN.

ÉLECTION DE VENDOSME.

CLERGÉ.

Le P. Baudichon, Procureur de la Maison de l'Oratoire.

NOBLESSE.

M. Le Comte de Sarrazin.

TIERS-ÉTAT.

M. CATHERINET DE VILLEMARAIS, Propriétaire à Saint-Ouen.
M. MOULNIER, Directeur des Meffageries.
M. DE BOISRICHARD, Conseiller au Bailliage.

ÉLECTION DE CHATEAUDUN.

CLERGÉ.

M. DE TRÉMAULT, Curé de la Collégiale de Châteaudun.

NOBLESSE.

M. LE COMTE DE MAUNY.

TIERS-ÉTAT.

M. MAURY, Bailli du Dunois.
M. THÉNAISIE, Bailli de Courtalin.
M. GAJON, Notaire à Patay.

DEPARTEMENT
DES ÉLECTIONS DE BLOIS ET DE ROMORANTIN.

ÉLECTION DE BLOIS.

CLERGÉ.

M. LE CURÉ DE MAROLLES, en Beauce.

NOBLESSE.

M. LE MARQUIS DE GUERCHEVILLE, Seigneur de Diziers.

TIERS-ÉTAT.

de l'Orléanois.

TIERS-ÉTAT.

M. DE LA BOISSIERE, ancien Procureur Général à la Chambre des Comptes de Blois.
M. BOESNIER, Maire de la Ville de Blois.
M. DE L'ARCHE.

ÉLECTION DE ROMORANTIN.

CLERGÉ.

M. LE DOYEN DU CHAPITRE DE ST. AIGNAN, en Berri.

NOBLESSE.

M. LE MARQUIS DE BEAUHARNOIS.

TIERS-ÉTAT.

M. RAGUENAULT DE VILLEBOURGEON.
M. DECOINCES, Conseiller au Bailliage d'Orléans.
M. DELORME, Procureur-Fiscal à Vatan.

DÉPARTEMENT.

DES ÉLECTIONS DE PITHIVIERS ET MONTARGIS.

ÉLECTION DE PITHIVIERS.

CLERGÉ.

M. REGNARD, Doyen du Chapitre de Pithiviers.

NOBLESSE.

M. LE COMTE DE BIZEMONT, Seigneur de Thignonville.

TIERS-ÉTAT.

M. Picot, Maire de Neuville.
M. Fougeroux de Blavau.
M. Pointeau, Procureur-Fiscal à Pithiviers.

ÉLECTION DE MONTARGIS.

CLERGÉ

M. Tonnelier, Doyen de Châtillon-sur-Loing.

NOBLESSE.

M. Le Comte du Tillet, Seigneur de la Bussière.

TIERS-ÉTAT.

M. Pougin de la Maisonneuve, Trésorier de France.
M. Bizot, Directeur des Canaux, à Montargis.
M. De Fougeret, Receveur-Général des Finances.

DEPARTEMENT.
DES ÉLECTIONS DE GIEN ET CLAMECI.
ÉLECTION DE GIEN.

CLERGÉ.

M. L'Abbé Donnery, Chanoine de la Collégiale de Sully.

NOBLESSE.

M. Le Comte de St. Brisson.

TIERS-ÉTAT.

M. Bizot de Bourdonniere, Propriétaire à Châtillon-sur-Loing.

de l'Orléanois.

M. JANSON, Avocat à Gien.
M. HARIAT, Propriétaire à Ousson.

ÉLECTION DE CLAMECI.

CLERGÉ.

DOM GENOUILLAT, Procureur de la Chartreuse de Basseville.

NOBLESSE.

M. LE COMTE DE JAUCOURT.

TIERS-ÉTAT.

M. TENAILLE DE LOURY, Maire de Dornecy.
M. DUPIN, Procureur du Roi du Grenier à Sel, à Clameci.
M. RUJON, Maire d'Antrain.

M. le Président a annoncé que la Commission intermédiaire s'assembleroit cejourd'hui en son hôtel, à cinq heures après midi.

M. *l'Abbé de la Geard* & M. *de la Villette* ont été nommés pour avertir M. le Commissaire du Roi, que l'Assemblée l'attendroit demain pour faire sa clôture à dix heures du matin.

Fait & arrêté à Orléans, le treize Septembre mil sept cent quatre-vingt-sept.

Signé : MONTMORENCY, DUC DE LUXEMBOURG, Président.
   Et plus bas : LAVOISIER, faisant, par *interim*, les fonctions de Secrétaire - Greffier.

SIXIÈME
ET DERNIÈRE SÉANCE.
Du 14 Septembre. 1787.

L'ASSEMBLÉE ayant pris séance, M. *Lavoisier* a été prié de faire pour cette Séance & pour les signatures des deux précédentes, les fonctions de Secrétaire-Greffier, vacant par la maladie de M. *Roux*. M. LE DUC DE LUXEMBOURG, Président, a annoncé que la Commission intermédiaire s'étoit assemblée la veille chez lui, & que M. l'Abbé de *Césarge* alloit lui rendre compte de ce qu'elle avoit projeté. Après quoi l'Assemblée ayant délibéré, elle a arrêté :

1°. QUE la Commission intermédiaire seroit autorisée à faire les menues dépenses urgentes & provisoires, que les circonstances pouvoient exiger, & que M. le Président seroit prié de solliciter auprès du Ministre une autorisation plus précise, afin que les dépenses fussent allouées dans les comptes du Receveur particulier des Finances.

2°. QU'ELLE seroit chargée de pourvoir au choix & à la disposition d'un lieu convenable pour tenir les Séances de l'Assemblée, pour le service des Bureaux & pour le dépôt de ses Archives.

3°. QU'A l'égard du traitement de MM. les Procureurs-Syndics & de M. le Secrétaire-Greffier, ainsi que pour les gages du Concierge, de l'Huissier & des autres personnes nécessaires à son service, il en sera fait par elle rapport à l'Assemblée générale réunie pour y pourvoir définitivement.

IL a été également arrêté que les Assemblées de Département ne pourroient prendre sur elles d'autoriser aucune dépense, mais seulement qu'elles pourroient les proposer à l'Assemblée Provinciale qui seule a le

Assemblée Provinciale de l'Orléanois. 69

droit d'en décider. M. le Président a même été prié de faire mention de cette réserve dans la lettre qu'il adressera aux Présidens des Assemblées de Département.

ENFIN, il a été unanimement convenu que toute délibération où il seroit question de voter ou d'arrêter des dépenses, ne seroit regardée comme régulière, qu'autant qu'il y auroit eu pluralité aux deux tiers des voix.

M. *Petit de Chastenay* a représenté combien il étoit important qu'une Election n'eût pas plus d'influence qu'une autre dans l'Assemblée Provinciale, & il a proposé de régler qu'il ne pourroit jamais être choisi deux Syndics d'une même Election, soit dans l'Assemblée Provinciale, soit dans l'Assemblée de Département.

CETTE proposition a été adoptée à la pluralité des voix.

M. l'Abbé *de la Geard*, Syndic, & M. *de la Villette*, qui en faisoit les fonctions pour M. *Robillard*, lesquels avoient été chargés de prévenir M. le Commissaire du Roi, que l'Assemblée l'attendoit pour en faire la clôture, sont entrés; & sur ce qu'ils ont annoncé la prochaine arrivée de M. le Commissaire du Roi, M. l'Abbé *Desprades*, M. le Président *de Salaberry*, M. *de l'Epinay* & M. le Maire d'Orléans, ont été au-devant de lui pour le recevoir avec les honneurs accoutumés.

M. le Commissaire du Roi, après avoir salué l'Assemblée, s'est assis dans un fauteuil placé pour lui en face de M. le Président, & s'étant couvert, ainsi que toute l'Assemblée, il a fait un Discours dans lequel il a annoncé que l'intention du Roi étoit que l'Assemblée se séparât.

M. le Président lui ayant répondu, M. le Commissaire du Roi s'est levé, a salué l'Assemblée, & a été reconduit par les mêmes Députés & avec les mêmes honneurs.

M. l'Abbé de *Césarges* & M. le Marquis *de Verteillac* ont été nommés pour aller le saluer au nom de l'Assemblée.

M. LE DUC DE LUXEMBOURG, Président, a indiqué les Assemblées de Département pour le 13 du mois d'Octobre prochain, & sous le bon plaisir du Roi, la première Assemblée générale Provinciale le 17 Novembre suivant.

L'Assemblée a été terminée par un Discours de M. le Président, dans lequel il a témoigné la satisfaction qu'il avoit ressentie dans l'exercice des fonctions dont il avoit été chargé par le Roi, sur-tout par la manière dont les Membres de l'Assemblée avoient concouru aux intentions de Sa Majesté.

M. l'Evêque de Chartres a exprimé dans une Réponse à M. LE DUC DE LUXEMBOURG, au nom de l'Assemblée, les sentiments de respect, de reconnoissance & de sensibilité dont elle étoit pénétrée.

Et le présent Procès-verbal a été signé de Messieurs composant l'Assemblée Provinciale, les jour & an que dessus.

Signés, MONTMORENCY, Duc de LUXEMBOURG, Président.

† JEAN - BAPTISTE - JOSEPH, Evêque de Chartres.
† LOUIS, Evêque d'Olba, Coadjuteur d'Orléans.
L'ABBÉ DE CÉSARGES.
L'ABBÉ DESPRADES.
L'ABBÉ DE BEAUSSET.
L'ABBÉ DE THORAME.
CRIGNON DE BONVALET.
LE VASSOR-DU-BOUCHET.
CURAULT.
GRANDET DE LA VILLETTE.
BOESNIER DE LORME.
LAVOISIER.

LE MARQUIS DE VERTEILLAC.
DE SALABERRY.
LE MARQUIS D'AVARAY.
MONTBOISSIER.
DE FAINS.
SANLOT.
DE L'ÉPINAY.
DUCHESNE.
PETIT DE CHASTENAY.
DE LA MUSTIERE.
BRILLARD DE LA MOTTE.
ROUSSEAU.
DE LARCHE.

Signé, l'Abbé DE LA GEARD, Syndic de l'Ordre Noble.

Et plus bas : LAVOISIER, faisant, par *interim*, les fonctions de Secrétaire-Greffier.

www.ingramcontent.com/pod-product-compliance
Lightning Source LLC
LaVergne TN
LVHW021723080426
835510LV00010B/1113